Steven Raichlens Barbecue Bible:

RIBS & RACKS

Raichlens beste Rippchen-Rezepte

STEVEN RAICHLENS

BARBECUE! BIBLE®

PRESENTS

RAICHLENS BESTE
RIPPCHEN-REZEPTE

RIBS & RACKS

HEEL

IMPRESSUM

HEEL Verlag GmbH
Gut Pottscheidt
53639 Königswinter
Tel.: 02223 9230-0
Fax: 02223 9230-13
E-Mail: info@heel-verlag.de
www.heel-verlag.de

First Published in the United States under the title:
Best Ribs Ever: A Barbecue Bible Cookbook 100 Killer Recipes

Published by arrangement with Workman Publishing Company, New York

Deutsche Ausgabe:
Übersetzung: Jacqueline Dubois, Berlin
Gestaltung: Kai Huwer, Hürth
Satz: gb-s Mediendesign, Königswinter
Covergestaltung: Ralph Handmann, Bonn
Lektorat: Helge Wittkopp

Fotos © Sandra Then
Mit Ausnahme von:
© Fotolia: Ruslan Mitin (S. 9, S. 139), Artem Shadrin (S. 15), Chris (S. 25), maglyvi (S. 55, S. 133, S. 183), Brent Hofacker (S. 57), Jérôme Rommé (S. 67), oleg7799 (S. 78), shantihesse (S. 99), jonfoxphoto (S. 103), Maridav (S. 107), Stuart Monk (S. 117), Misty (S. 125), exclusive-design (S. 145), cmfotoworks (S. 149), lily_rocha (S. 159), Tom Nance (S. 173), natureguy (S. 175), nickola_che (S. 179)
© gb-s Mediendesign, Königswinter: „Schweineuhr" (S. 16–21)

Printed in Slovenia

ISBN 978-3-95843-492-9

DANKSAGUNG

FÜR BARBARA, DIE MEINE KNOCHEN WÄRMT

Dies ist zwar ein kleines Buch, dennoch hat eine Vielzahl an Leuten daran mitgewirkt. Mit großer Freude bedanke ich mich deshalb bei:

Workman Publishing: der außergewöhnlichen Lektorin Suzanne Rafer, Korrektorin Barbara „Hawkeye“ Mateer, Produktionsredakteurin Irene Demchyshyn, den künstlerischen Leitern Raquel Jaramillo und Lisa Hollander, Fotografin Susan Goldman, Schriftsetzerin Barbara Peragine, Pressesprecherin Selina Meere, Marketingexpertin Jessica Wiener, Verkaufskünstler Walter Weintz, Lektoratsassistentin Erin Klabunde und natürlich bei all meinen anderen Freunden bei Workman, inklusive Bob Miller, Jenny Mandel, Pat Upton und David Schiller sowie dem einzigartigen David Workman.

Beim Greenbrier Resort, wo die Rezepte für dieses Buch getestet wurden, danke ich: Rod Stoner, Peter Timmins, Sue Moats, Maria Battaglia und Ken Clasen. Außerdem Ethan Hileman, Ken Hess, Dave Thomas, James Crookshanks, Brenda Goins, Kathy Bailey, Dee Given, Bill Zimmerman, Raymond Ramos, Gunnard Cunningham, Lynn Swan und Steve Halliday.

Ich danke meinen Barbecue-Kameraden: KC Masterpiece-Erfinder Rich Davis, Dinosaur Bar-B-Q-Gründer John Stage, BB's Lawnside-Gründerin Lindsay Shannon, Joffre DiSabatino und George Holder von Porkosaurus, Dianna Fick, Philip Fick, Sandy und Danny Crabtree sowie Mel und Janet Holle und all den anderen ungenannten Pitmaster, die ihr Wissen mit mir geteilt haben.

Vielen Dank auch an Heidi Friedlander, Linda und Fred Griffith und Sanford Herskovitz aka „Mr. Brisket“.
Dank geht auch an mein Team zuhause: die Superkids Betsy und Jake, BBQ-University-Produzent Charlie Pinsky, Produktionsgenie Chuck Adams sowie an die Anwälte Mark Fischer und Leslie Arnold. Ein ganz großer Dank natürlich an meine unglaublich effiziente und vollkommen unersetzliche Assistentin Nancy Loseke, die Recherche betrieb, Rezepte testete, diese Seiten Korrektur las und mich insgesamt auf dem richtigen Weg hielt.

Zu guter Letzt danke ich meiner Frau Barbara, ohne deren Weisheit, Verstand und Liebe gar nichts funktionieren würde.

INHALT

EINFÜHRUNG

DIE ERSTE WAHL

Ribs sind vermutlich die besten Fleischleckerbissen, die die Menschheit kennt – und das (fast) überall auf der Welt. Bei den Chinesen gibt es mit Zucker und Sojasauce bepinselte Spareribs. Die Argentinier bevorzugen Tira de Asado, einfach gewürzte, knusprig gegrillte Beef Ribs (Rinderrippen). In Korea isst man dagegen Kalbi Kui, hauchdünn geschnittene Beef Short Ribs, über Holzkohle gegrillt und zum Servieren werden sie zusammen mit einer Auswahl an Banchan (eingelegtes Gemüse) und scharfen Saucen in Salatblätter gewickelt. Italiener garen Spareribs ganz langsam zusammen mit der antiken mediterranen Dreifaltigkeit aus Rosmarin, Knoblauch und Wein. Selbst in weniger bekannten Küchen gibt es Ribs-Gerichte, von Norwegens Pinnekjøtt (gesalzene Lammrippchen mit Rübenmus) bis Brasiliens Baby Back Ribs, die mariniert und fachkundig am Drehspieß gegrillt werden.

Von den unzähligen Rib-Varianten, die es allein in den USA gibt, wollen wir gar nicht erst sprechen. In Amerika sind sie zu einer regelrechten „Religion" erhoben worden, mit „Sekten" (den jeweiligen Anhängern von Spareribs, Baby Back Ribs oder Beef Ribs), „Dogmen" (wie werden Ribs am besten zubereitet – durch Smoken, indirektes oder direktes Grillen) und sogar „Sünden", wie Ribs zu kochen, zu schmoren oder im Mikrowellenherd vorzugaren, bevor sie auf den Grill kommen (einen Überblick über die große Ribs-Debatte erhalten Sie auf S. 60). In zwei Punkten stimmen aber nahezu alle amerikanischen Barbecue-Liebhaber überein: Ribs dürfen auf keiner vernünftigen Grillparty fehlen und wenn es um Geschmack und reinen, unverfälschten Barbecue-Genuss geht, sind Ribs nicht zu schlagen.

Was macht aber ihre nahezu weltweite Beliebtheit aus? Ich denke, das hängt von mehreren Faktoren ab. Fleisch, das direkt am Knochen liegt, ist stark durchwachsen und daher besonders geschmacksintensiv und bei keinem anderen Stück bekommen Sie ein besseres Verhältnis von Fleisch zu Knochen. Weiterhin geben die Knochen dem Fleisch Struktur, bieten Feuer und Rauch eine große Arbeitsfläche und verhindern das Schrumpfen des Fleisches. Dann wäre da noch die Vielfalt, von gewöhnlichen Schweine- und Rinderrippen bis zu ungewöhnlicheren Sorten wie Lamm-, Kalbs- oder Büffelrippen. Ribs können auf vielfältige Art und Weise zubereitet werden. Man kann sie smoken, direkt oder indirekt grillen, schmoren oder auch am Drehspieß garen. Zahlreiche Pitmaster gehen in mehreren Schritten vor, z. B. wird das Fleisch zuerst weich geschmort und dann auf dem Grill gebräunt. Auch die Portionsgröße ist äußerst unterschiedlich, von zarten Stücken mit ein bis zwei Rippen, wie sie von Robatayaki-Meistern in Japan serviert werden, bis zu den gewaltigen, den Teller völlig bedeckenden Monsterrippen, die wir von Pitmastern in den USA erwarten.

Zu guter Letzt macht es einfach Spaß, Ribs zu essen. Es führt uns zurück in die Zeit unserer Vorfahren, als sie in ihren Höhlen Fleisch über dem offenen Feuer „grillten" und mit bloßen Händen verspeisten (geben Sie es ruhig zu, es ist ein großes Vergnügen, Ribs mit den Fingern zu essen). Ein Rib-Rack (Rippenleiter) – nach Gewürzen duftend, dunkel vom Rauch, glänzend durch Fett und Sauce – sind die Verkörperung des echten Barbecues.

WARUM ICH DIESES BUCH SCHRIEB

Die Idee zu diesem Buch „schmorte“ schon einige Zeit in meinem Hinterkopf – eigentlich schon seit ich das erste Mal über Barbecue schrieb. Richtig in den Vordergrund ist es aber erst gerückt, als wir vor einigen Jahren den *Lip Smackin' Rib Contest* auf meiner Webseite www.barbecuebible.com ins Leben riefen. Wir forderten die Leserschaft auf, Ihre liebsten Rippchen-Rezepte einzusenden. Ich erwartete Dutzende, bestenfalls Hunderte Einsendungen. Tatsächlich waren es Tausende. Ich rechnete mit den üblichen Schweine- und Rinderrippen, stattdessen erhielten wir Rezepte für Lammrippchen, Kalbsrippchen und sogar Wildrippchen. Während ich fest davon ausgegangen war, Rezepte mit den klassischen Barbecue-Rubs und/oder -saucen im Stil von Memphis oder Kansas City zu erhalten, wurden die Ribs in den Rezepten mit völlig unerwarteten Zutaten gewürzt – von Dr Pepper über Kaffee, schwarzen Tee, grünen Tee, Chai, Kirschsaft bis hin zu, unfassbar, Schokoladensauce!

Die Anzahl und Genialität dieser Rezepte verdeutlichte mir zwei Dinge: Zum einen sind Amerikaner viel stärker von Ribs besessen, als ich annahm. Zum anderen gibt es bei den Zutaten für Rubs, Mopps und Saucen offensichtlich keine Grenzen; keine Geschmackskombination scheint zu exotisch. Trotz der Beliebtheit dieser fleischigen Köstlichkeit schreckt eine Vielzahl von Menschen jedoch vor ihrer Zubereitung zurück (ich gebe zu, es gibt tatsächlich eine Menge Verwirrung um die richtige Zubereitung). Jedes Mal, wenn ich meinen Grillkurs mit dem Namen „Barbecue University“ gebe, starte ich eine Umfrage unter den Schülern, welche Gerichte sie am liebsten lernen wollen. Ganz oben auf der Liste ist stets das Grillen perfekter Ribs, knapp gefolgt von Fisch und Steaks.

Was werden Sie also in diesem Buch finden? Einen kompletten Crashkurs über die Kunst des Grillens und Smokens von Ribs, inklusive der Unterscheidung zwischen den verschiedenen Schnitten (und worauf Sie beim Kauf achten müssen). Zudem bekommen Sie einen Überblick über die unterschiedlichen Zubereitungsmethoden und wann man sie am besten einsetzt. Natürlich lernen Sie auch die Zubereitung von Rubs, Marinaden, Mopps, Finishing Sauces, Glazes sowie Barbecuesaucen – und wozu sie am besten passen.

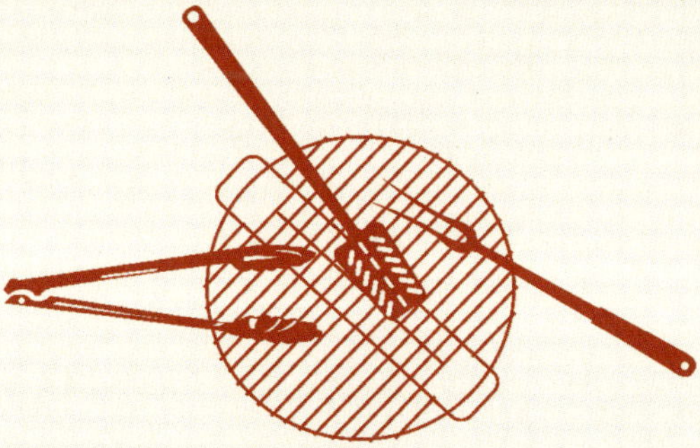

DAS 1x1 DER RIBS

Auch wenn dieses Buch nur ein Thema behandelt, dreht es sich doch um einen großen, komplexen Bereich. Vielleicht denken Sie, Ribs sind gleich Ribs – mit genug Gewürzen und ein bisschen Rauch wird's schon schmecken. Tatsächlich ist die Zubereitung von Ribs nicht wirklich schwierig, aber hinter der Zubereitung erstklassiger Ribs stecken jede Menge Technik, Tradition, Überlieferung und auch Wissenschaft. In diesem Kapitel sehen wir uns die verschiedenen Rippchenarten und ihre Anatomie an. Sie lernen verschiedene Zubereitungsmethoden kennen, die Einsatzbereiche der unterschiedlichen Grills und Smoker, von sinnvollem Grillzubehör, Geräten und Brennstoffen einmal ganz abgesehen. Sie wissen hinterher, was perfekt zubereitete Ribs ausmachen (kleiner Hinweis: Das Fleisch soll nicht vom Knochen fallen). Sie lernen, wie man Ribs richtig trimmt und können beurteilen, wann sie gar sind. Zudem finden Sie das ganze Buch hindurch Tipps von den „Rib-Profis".

KLEINE ANATOMIESTUDIE:

WAS MACHT RIBS AUS?

Alle Ribs sind gleich köstlich, aber nicht alle sind auch gleich geschaffen. Da ist zum einen das Tier, von dem sie stammen. Am bekanntesten und am beliebtesten sind Schweinerippchen (vor allem in Amerika, China und Deutschland). Gehen Sie hingegen in Argentinien oder Korea essen, finden Sie eher Rinderrippen auf der Speisekarte. Lammrippen werden in Memphis oder Kansas City garantiert als seltsam oder geradezu exotisch angesehen, im Mittelmeerraum, dem Nahen Osten, Zentralasien und Indien sind sie jedoch an der Tagesordnung.

Diese drei Fleischsorten beherrschen also die Barbecueszene weltweit; immer häufiger servieren Pitmaster aber z. B. auch Bison- und Kalbsrippen. Vor einigen Jahren bereitete der amerikanische Koch und Restaurantbetreiber Rick Moonen sogar Fischrippchen zu – die großen „Rippen“ des aus dem Amazonas stammenden Schwarzen Pacus (lachen Sie nicht, in Großbritannien steigt die Nachfrage stetig!).

Selbst vom selben Tier weisen verschiedene Rippenstücke eine bemerkenswert unterschiedliche Konsistenz und Geschmack auf. Baby Back Ribs vom Schwein (in Deutschland auch Kotelettrippchen, in den USA auch Loin Ribs genannt) sind sehr zart und gut durchwachsen. Sie eignen sich ideal für das direkte Grillen oder den Drehspieß. Spareribs sind größer, zäher und vor allem fleischiger, aber auch intensiver im Geschmack. Sie benötigen eine langsamere, sanftere Zubereitungsmethode wie das indirekte Grillen oder Smoken. Rib Tips sind der untere Rippenteil von Spareribs, die vor allem aus Bindegewebe und Knorpel bestehen. Sie werden durch sanftes Smoken aber zu einem Gaumenschmaus. Werden die Rip Tips von den Spare Ribs entfernt, dann spricht man vom St. Louis Cut.

In diesem Buch finden sie die üblichen, aber auch eher ungewöhnliche Ribs. Je weiter Sie die Sprossen der Barbecueleiter zur Erleuchtung empor klimmen, desto eher werden Sie alle probieren wollen.

Zur besseren Orientierung, wo am Tier sich ein bestimmtes Rippenstück befindet, sollten Sie sich den Querschnitt des Brustkorbes wie das Ziffernblatt einer Uhr vorstellen, bei der sich die Wirbelsäule auf zwölf Uhr befindet. Die von mir angegebenen „Zeiten“ verdeutlichen dementsprechend, von welcher Seite ein bestimmtes Stück stammt.

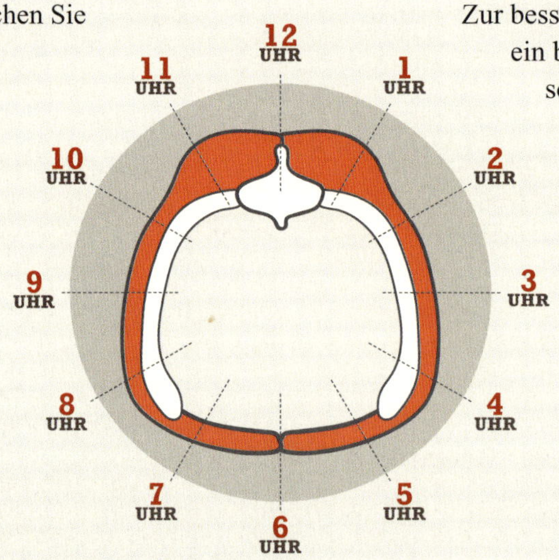

SCHWEINERIPPCHEN

Für zahlreiche Pitmaster (insbesondere in den amerikanischen Südstaaten) sind Schweinerippchen das Nonplusultra des Barbecues. Aus gutem Grund! Schweinerippen kann man überall kaufen, sie sind nicht teuer, lassen sich einfach garen und schmecken großartig. Ihr kräftiger Geschmack kann eine große Vielfalt an Rubs, Glaces, Mopps und Barbecuesaucen vertragen. Gleichzeitig sind sie aber ebenso köstlich, wenn sie nur mit Salz und Pfeffer gewürzt werden. Obwohl alle Schweinerippchen vom gleichen Tier stammen, sind die Stücke keineswegs alle gleich.

Baby Back Ribs

Wenn Schweinefleisch in weiten Teilen der USA das beliebteste Grillfleisch ist, so sind die Baby Back Ribs wiederum der beliebteste Teil des Schweins. Der Grund ist ganz einfach. Das Fleisch ist zart, saftig und schön durchwachsen. Die Baby Back Ribs beginnen direkt unterhalb der Wirbelsäule und erstrecken sich 10–12 ½ cm nach unten – auf unserer „Schweineuhr" also 1–3 Uhr auf der einen und 9–11 Uhr auf der anderen Seite. Grundsätzlich ist das Fleisch an der Wirbelsäule das beste und zarteste (daher stammt das amerikanische Sprichwort „eating high off the hog", was wörtlich übersetzt „den obersten Teil des Schweins essen" bedeutet und so viel meint, wie in Saus und Braus leben). Eine Baby-Back-Rippenleiter enthält mindestens acht Knochen, im Durchschnitt sind es zwölf Knochen (es können aber bis zu vierzehn sein). Eine komplette Leiter wiegt 1–1 ¼ kg und reicht für zwei Personen. Ein weiterer Vorteil ist die rechteckige Form, d. h., die Rippen sind alle nahezu gleich lang und man erhält immer ein gutes Stück, egal von welchem Ende.

Baby Back Ribs zubereiten: Man kann sie direkt oder indirekt grillen, smoken, auf dem Grill schmoren oder am Spieß garen – jede Zubereitungsmethode ist möglich.

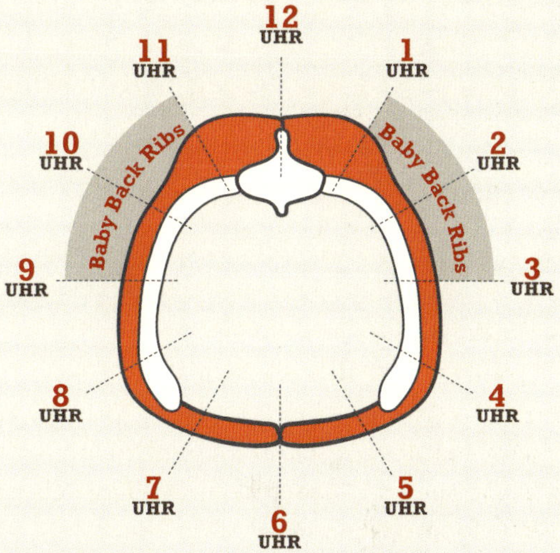

„Echte" Baby Back Ribs

Der Begriff „Baby Back" wird zwar meist für Loin Ribs verwendet, echte Puristen meinen damit aber etwas anderes. Für sie bezieht sich die Bezeichnung auf eine kleine, gut zugeschnittene Rippenleiter (350–600 g) aus dem oberen Brustkorb eines Spanferkels. „Echte" Baby Back Ribs bekommen Sie manchmal auf Anfrage in besseren Metzgereien. Größter Produzent ist Dänemark, der vor allem in die USA exportiert. Da sie so klein sind, sollten Sie pro Person eine Leiter einplanen.

„Echte" Baby Back Ribs zubereiten: Wie normale Baby Back Ribs, zudem eignen sie sich besonders gut für direktes Grillen.

Spareribs

Fährt man die Seite des Schweins weiter nach unten, kommt man zu einem Rippenabschnitt, der größer, fetter und zäher ist: die Spareribs (auf der Schweineuhr erstrecken sich die Spareribs von 3–6 Uhr und von 6–9 Uhr). Größer, fetter und zäher klingt zunächst nachteilig, aber genau dies sind die Eigenschaften, dank derer der Geschmack von Spareribs intensiver ist, als der von Baby Back Ribs. Erfahrene Pitmaster greifen deshalb gern zu Spareribs. Ein komplettes Rack Spareribs besteht aus dreizehn Rippen und wiegt ungetrimmt 2 ½–3 kg. Sie enthält sowohl den gebogenen Abschnitt von der Seite des Schweins als auch den knorpeligen Teil vom Schweinebauch (Rib Tips, siehe S. 19). Auf der Innenseite liegt ein zähes Stück Fleisch (Schürze oder Flap genannt), das fast immer abgeschnitten wird, ebenso wie das kleine dreieckige Endstück (Point). Eine getrimmte Sparerib-Leiter wiegt meist 1 ½–2 kg und reicht für drei bis vier Personen.

Die Knochen am Schulterende der Ripppenleiter können 5–7 cm länger sein als die am Lendenende. In Kansas City entstanden daraus die Bezeichnungen „long ends" und „short ends". Long ends sind etwas zäher und fleischiger, während die short ends fetter und zarter sind. Beide Versionen haben ihre Anhänger.

Spareribs zubereiten: Da sie deutlich zäher und fetter sind als Baby Back Ribs, eignen sich Spareribs besonders gut zum indirekten Grillen oder Smoken.

St. Louis Cut

Kombiniert man die kompakte Größe, die rechteckige Form und die relative Zartheit der Baby Back Ribs mit dem intensiven Geschmack der Spareribs, erhält man den Zuschnitt, den wir in der „Barbecue University" gern verwenden: den St. Louis Cut. Diese schöne Rippenleiter (sie ist wirklich schön anzusehen) wird aus dem flachsten Teil der Spareribs geschnitten (3–5 Uhr und 7–9 Uhr) und hat die lange, schlanke Form von Baby Back Ribs. Rib Tips, Schürze und Point werden immer entfernt. Eine Leiter sollte mindestens 1–1 ¼ kg wiegen und reicht für zwei bis drei Personen.

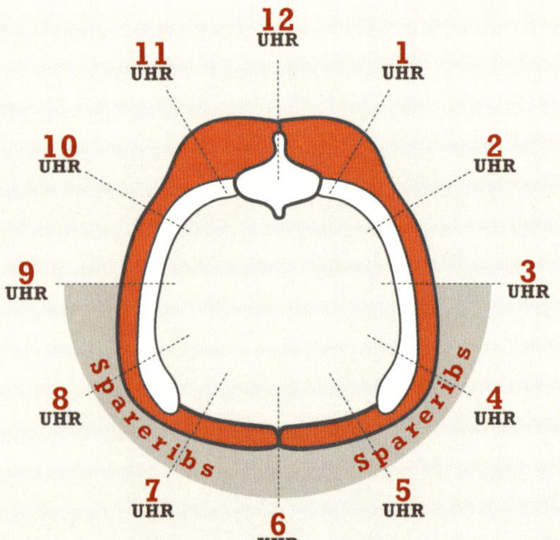

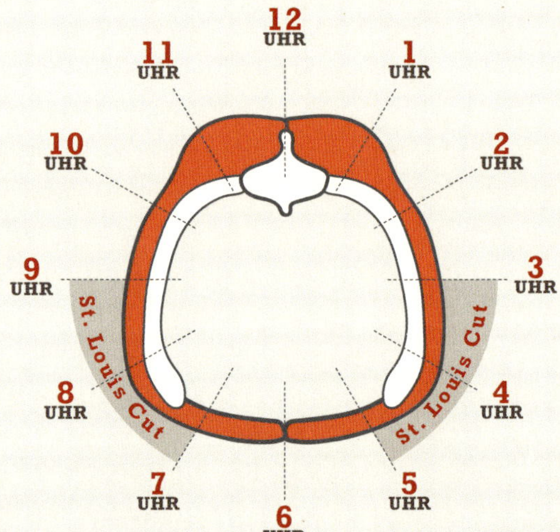

Rib Tips

Rib Tips sind der knorpelige untere Teil der Spareribs, der aufgrund seines hohen Anteils an Bindegewebe und dem geringen Fleischanteil oft weggeworfen wird (St. Louis Cut). Reibt man die Rib Tips jedoch gut mit einem Rub ein und gart sie dann ganz langsam im Smoker, damit der Knorpel weich wird, so wie sie es im Restaurant *BB's Lawnside* in Kansas City machen, entsteht daraus ein wahrer Gaumenschmaus (sparsame, clevere Grillmeister frieren die Rib Tips ein und verwenden sie zur Herstellung von Brühe oder werfen sie in einen Topf mit gebackenen Bohnen). Auf unserer Schweineuhr liegen die Rib Tips etwa bei 5–6 Uhr bzw. 6–7 Uhr. Sie wiegen 175–450 g, je nachdem, was alles abgeschnitten wurde. Planen Sie ca. 500 g pro Person ein.

Rib Tips zubereiten: Dieses Stück will ganz langsam bei niedriger Temperatur gegart werden, im Smoker oder indirekt auf dem Grill.

Anmerkung:
In manchen Kreisen wird das dreieckige Stück (Point) am Ende der Spareribs als Rib Tip bezeichnet. Es ist meist 7 ½–10 cm breit und enthält kleine Knochen oder knochenähnliche Knorpelstreifen. Zubereitet wird es wie „echte" Rib Tips.

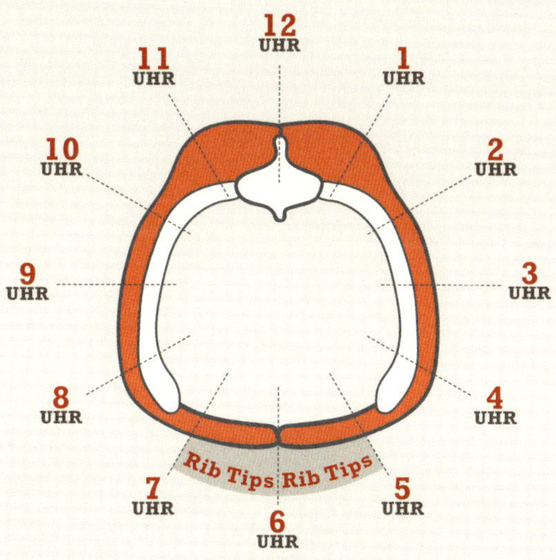

Pork Riblets

Dieser relativ neue Zuschnitt wird immer häufiger in amerikanischen Restaurantketten wie *Applebee's* serviert. Dabei werden Baby Back Ribs der Länge nach in 2 ½–5 cm breite Streifen gesägt. Im freien Verkauf habe ich sie noch nicht gesehen, aber natürlich können Sie Ihren Metzger danach fragen.

Riblets zubereiten: Riblets werden wie Baby Back Ribs zubereitet, nur für den Drehspieß eignen sie sich aufgrund ihrer geringen Größe nicht.
Manche Metzger bezeichnen auch den Point, das dreieckige Stück am Ende der Spareribs, als Riblets. Solche Riblets können Knochen enthalten oder auch nicht. Zubereitet werden sie wie Rib Tips. Rechnen Sie mit 370–500 g pro Person.

RINDERRIPPEN

Natürlich haben auch Rindviecher Rippen, dreizehn Paar, um genau zu sein. Dieser fleischige Genuss bringt den Fleischfresser – oder besser, den Höhlenmenschen – in jedem von uns zum Vorschein. Rinderrippen verbinden den intensiven Fleischgeschmack des Rindes mit dem Knabberspaß der Schweinerippchen. Einige Stücke enthalten zwar einen hohen Bindegewebsanteil, aber durch den geschickten Einsatz von indirekter Hitze und Rauch wird daraus ein echter Genuss.

Beef Back Ribs

Auch Rinder-Spareribs, Beef Long Ribs oder Texas Ribs genannt, sind das was übrig bleibt, wenn der Metzger die Hochrippe zu einem Rinderollbraten oder zu Ribeye-Steaks ohne Knochen zuschneidet. Eine vollständige Leiter besteht aus fünf bis sieben Knochen (meist die Rippen sechs bis zwölf) mit einer Länge von 15–20 cm (auf einer „Rinderuhr" erstrecken sich die Back Ribs von 1–3 Uhr und von 9–11 Uhr).
Grundsätzlich enthalten Beef Back Ribs nicht viel Fleisch, da der Metzger dazu angehalten ist, so viel wie möglich abzuschneiden. Hochrippe und verwandte Stücke sind wesentlich teurer als die Ribs. Sie könnten natürlich einen ganzen Rippenbraten mit Knochen kaufen und diesen dann beim Metzger ausbeinen lassen – mit möglichst viel Fleisch an den Knochen. Eine typische Leiter Beef Back Ribs wiegt 1 ¼–1 ½ kg und reicht für zwei bis drei Personen, ist mehr Fleisch daran, womöglich auch für vier.

Beef Back Ribs zubereiten: Da sie aus der Hochrippe stammen, sind diese Rippen relativ zart. Ich grille sie gern indirekt, aber bei höherer Temperatur, oder ich „räuchergrille" (siehe S. 42) sie. Gesmokt schmecken die Ribs natürlich auch sehr gut.

Chuck Short Ribs

Dies ist eine allgemeine Bezeichnung für Rippen aus dem stark mit Fett überwachsenen und durchzogenen Brustkern/Brustrippen eines Rindes. Auf der Rinderuhr finden wir Short Ribs zwischen 3–4 Uhr sowie 8–9 Uhr. Dank ihres intensiven Geschmacks sind sie bei Köchen

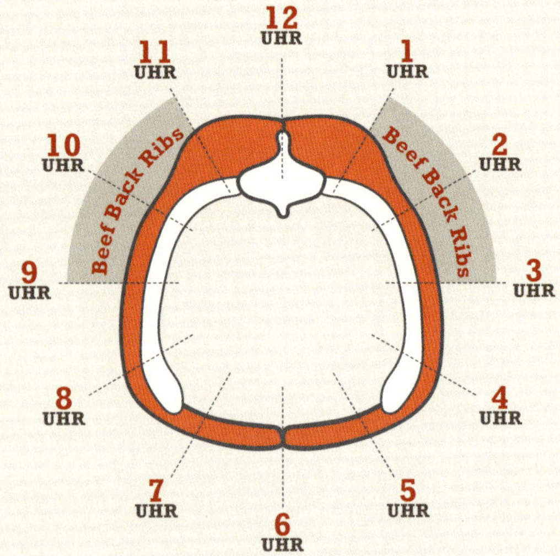

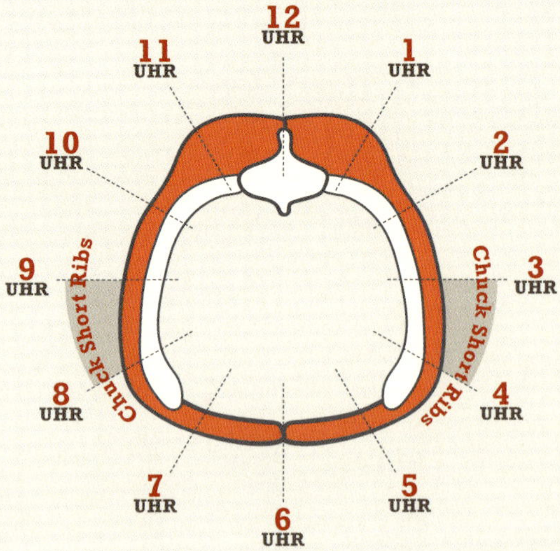

aller Kategorien beliebt (manchmal stehen sie sogar auf der Speisekarte von schicken New Yorker Restaurants wie *Per Se*). Short Ribs mit Knochen bestehen aus ca. 5 cm langen Knochen mit einer dicken Schicht aus gut durchwachsenem, aber recht zähem Fleisch darauf (es gibt sie auch ohne Knochen). Verkauft werden sie einzeln und als Leitern mit drei oder vier Rippen. Oft werden sie auch pfundweise verkauft. Je nachdem wie lang der Knochen ist und wie viel Fleisch er enthält, wiegen die einzelnen Rippen 125–200 g. Planen Sie 350–500 g pro Person ein.

Short Ribs zubereiten: Pitmaster und Köche haben diverse Möglichkeiten, das zähe, aber schmackhafte Fleisch essbar zu machen. So können Sie die Ribs z. B. smoken, dünsten oder schmoren. Sie können das Fleisch aber auch in hauchdünne Scheiben schneiden und direkt über Holzkohle grillen (mit dieser Methode wird eines der koreanischen Nationalgerichte, Kalbi Kui, zubereitet; siehe S. 154). Ich wickle Short Ribs gern in Alufolie und „schmore“ sie auf dem Grill. Durch die Alufolie können der Fleischsaft und die Dämpfe nicht austreten und machen so das Bindegewebe schön weich.

Crosscut Beef Ribs

Dieser traditionelle, argentinische Zuschnitt wird heute immer häufiger auf Fleischmärkten in Städten wie Miami, mit einem großen lateinamerikanischen Bevölkerungsanteil, verkauft. Auf Spanisch Tira de Asado genannt, werden Short Ribs dabei mit einer Säge horizontal in etwa 1 ½ cm breite Streifen geschnitten (siehe Rezept S. 178). In den USA lautet die offizielle Bezeichnung „beef-flanken-style-ribs“; auf unserer Rinderuhr findet man den Zuschnitt zwischen 2–4 Uhr und 8–10 Uhr. Manchmal werden auch 5 cm breite Stücke verkauft – wollen Sie echtes Tira de Asado zubereiten, sollten die Streifen aber höchstens 1 ½ cm breit sein. Eine Portion wiegt ca. 350 g.

Crosscut Beef Ribs zubereiten: Grillen Sie das Fleisch direkt, wie Sie ein Steak zubereiten würden.

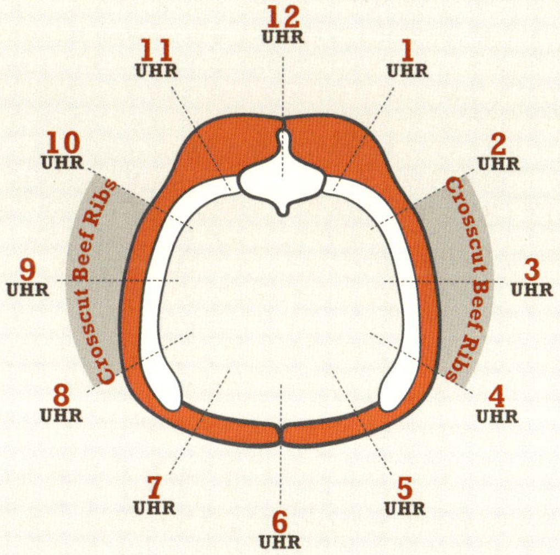

LAMMRIPPCHEN

In den USA sind Lammrippchen nicht gerade weit verbreitet. Ich aß sie in den 1980er-Jahren zum ersten Mal im berühmt-berüchtigten *Hoodoo Barbecue* in Boston (weiteres dazu auf S. 202). In Europa, Nordafrika, Australien und Neuseeland sind Lammrippchen hingegen sehr beliebt. Meist werden sie direkt über dem Feuer oder am Spieß gegrillt. Lammbrustrippchen sind in Australien ebenso beliebt, wie es Baby Back Ribs in den USA sind. Was die verschiedenen Zuschnitte angeht, so sind die Fachbezeichnungen eher verschwommen. Alle Rippchen stammen aus der Lammbrust, einem ca. 3 kg schweren Stück aus dem unteren Brustkorb, das Fleisch, Fett und Bindegewebe enthält. Laut dem Glossar von Hormel Foods werden Lammrippchen in drei Kategorien unterteilt: Spareribs, Denver Style Ribs und einzelne Rippchen. Spareribs, die mehr Knochen und Fett als Fleisch enthalten, findet man manchmal in Metzgereien. Auf einer „Lammuhr" lägen sie zwischen 4–5 Uhr sowie 7–8 Uhr. Sie werden idealerweise indirekt zubereitet (durch Grillen, Smoken oder „Räuchergrillen").

Denver Style Ribs

Spareribs, bei denen ein Großteil des Fettes und Bindegewebes entfernt wurde, werden gern als Denver Ribs bezeichnet (die getrimmten Rippchen werden manchmal aber auch als Lammbrust verkauft). Eine Leiter Denver Ribs besteht aus sieben oder acht Rippen und wiegt ca. 500 g. Manche wiegen nur 300 g, andere bis zu 800 g. Pro Person sollten Sie etwa eine Rippenleiter einplanen.

Denver Ribs zubereiten: Dank ihrer Zartheit kann man Denver Ribs auf alle möglichen Arten zubereiten – Sie können sie direkt und indirekt grillen, „räuchergrillen" (siehe S. 42), smoken, am Spieß garen oder sogar mit etwas Flüssigkeit in einem mit Alufolie abgedeckten Bräter über indirekter Hitze schmoren.

Einzelne Lammrippchen

Einzelne Rippchen werden aus Spareribs geschnitten. Ein Pfund enthält meist fünf Rippchen; fünf oder sechs Rippchen ergeben eine Portion.

Einzelne Lammrippchen zubereiten: Die Rippchen sind zwar etwas zäher als Denver Ribs, können aber mithilfe der gleichen Methoden gegart werden.

KALBSRIPPCHEN

Unter Kalbfleisch mit Knochen stellen sich die meisten Menschen Kalbskoteletts vor, aber natürlich besitzen auch Kälber Rippen, ebenso wie Rinder. Kalbsrippchen bekommen Sie nicht so leicht wie Rinderrippen, aber der Aufwand lohnt sich, denn es ist das zarteste Fleisch, das man sich vorstellen kann. Vielleicht haben Sie ja in Ihrem örtlichen Supermarkt Glück. Ansonsten fragen Sie den Metzger Ihres Vertrauens.

Back Ribs vom Kalb

Verbindet man den feinen Geschmack des Kalbfleisches mit der Zartheit von Baby Back Ribs vom Schwein, bekommt man eine der besten Rippenleitern in der Barbecueszene – Kalbsrippchen. Eine Leiter besteht aus sechs bis zwölf Knochen und wiegt zwischen 620–750 g (sie befindet sich zwischen 1–4 Uhr und 8–11 Uhr auf der Rinderuhr). Ähnlich wie vernünftige Beef Back Ribs sind auch Back Ribs vom Kalb eher schwierig zu finden, da sie meist zusammen mit den teureren Koteletts oder Rippenbraten verkauft werden (wie bei den Rinderrippen können Sie natürlich auch hier beim Metzger einen ganzen Braten kaufen und die Rippen entsprechend zuschneiden lassen). Eine Rippenleiter reicht für ein bis zwei Personen.

Back Ribs vom Kalb zubereiten: Gute Zubereitungsmethoden sind das indirekte Grillen, das „Räuchergrillen" (siehe S. 42), das Smoken oder auch das Garen am Drehspieß. Dank ihrer Zartheit können sie aber auch direkt gegrillt werden.

Short Ribs vom Kalb

Auch Short Ribs vom Kalb sind nicht immer einfach zu bekommen. Vermutlich haben Küchenchefs das Monopol darauf, da man die Rippchen immer öfter auf ihren Speisekarten sieht. Short Ribs vom Kalb werden aus dem Brustkern geschnitten und sind fleischiger und viel zarter als Short Ribs von ausgewachsenen Rindern. Sie wiegen ca. 125 g pro Stück – zwei Rippen reichen für eine Mahlzeit, drei, wenn der Hunger einmal größer ist.

Short Ribs vom Kalb zubereiten: Theoretisch ist das Fleisch zart genug, um es direkt zu grillen. Am besten schmeckt es jedoch, wenn Sie es langsam indirekt grillen oder bei niedriger Temperatur smoken. Sie können die Rippchen auch schmoren.

BÜFFELRIPPEN

Büffel- bzw. Bisonfleisch war vor der Ankunft der ersten europäischen Siedler über zehntausend Jahre lang das Fleisch der Wahl in Nordamerika. Innerhalb von dreihundert Jahren wurden die erhabenen Tiere dann fast bis zur vollständigen Ausrottung gejagt. In letzter Zeit hat das magere, etwas süßlichere Fleisch nun aber ein Comeback in der Prärie und im Barbecuepit erlebt (CNN-Gründer Ted Turner ist Eigentümer der größten privaten Bisonherde, die fast vierzigtausend Tiere umfasst). An der Fleischtheke Ihres örtlichen Supermarktes werden Sie Bisonrippen – weder Short Ribs noch Back Ribs – nicht finden. Sie können das Fleisch aber in Metzgereien, die auf Wildprodukte spezialisiert sind, bestellen oder sich im Internet danach umschauen (mittlerweile gibt es auch deutsche Büffelzüchter). Eine typische Leiter Büffel Back Ribs enthält acht bis zehn Knochen, die 15–20 cm lang sind und 2 ½–3 kg wiegen. Sie reichen für zwei bis drei Personen. Short Ribs wiegen ca. 375 g pro Stück und sind ein wahrer Fleischgenuss.

Büffelrippen zubereiten: Ich gare Büffel Back Ribs wie Beef Back Ribs. Dabei verwende ich Marinaden und Mopps und wickle das Fleisch gern in Alufolie, damit es nicht austrocknet. Ein entsprechendes Rezept finden Sie auf S. 172.
Bison Short Ribs gare ich ebenfalls wie Beef Short Ribs: Sie werden gesmokt, geschmort, bei niedriger Temperatur langsam indirekt gegrillt oder auch „räuchergegrillt" (siehe Seite 42).

FISCHRIPPEN

Wenn Sie lange genug suchen, können Sie sogar Fischrippen auftreiben (nein, das ist kein Witz!). Der aus dem Amazonas stammende Schwarze Pacu wird bis zu 90 cm lang und 30 kg schwer. Er hat Zähne wie ein Pferd, mit denen er harte Nüsse und Samen knacken kann. Seine „Rippen" sind fest genug, um sie wie echte Ribs zuzubereiten und zu servieren. Behalten Sie das im Hinterkopf, wenn Sie das nächste Mal am Amazonas auf den Spuren von Indiana Jones wandeln.

ACHT WICHTIGE TECHNIKEN

ZUR VOR- UND ZUBEREITUNG VON RIBS

Ribs sind im Grunde einfach zuzubereiten, aber es gehört schon etwas mehr dazu, als sie bloß auf den Grill zu werfen. Eine Leiter muss getrimmt und gehäutet, gewürzt und mariniert und in richtigen Zeitabständen gemoppt oder bepinselt werden. Außerdem müssen Sie wissen, wann das Fleisch gar ist. Hier ist ein Schlachtplan mit acht Punkten.

1 Trimmen der Ribs

Wenn Sie im Supermarkt oder beim Metzger Baby Back Ribs vom Schwein oder Beef Ribs kaufen, sind die Chancen gut, dass sie bereits getrimmt sind. Sollten Ihnen noch größere Fettklumpen, Sehnen oder lose Knochenstücke auffallen, schneiden Sie diese einfach ab. Spareribs hingegen enthalten oft noch Rib Tips (Knorpelstücke an den Enden) und Point (ein Dreieck aus kleinen Knöchelchen und sehnigem Fleisch am Lenden-Ende der Leiter). Die Rib Tips schneiden Sie mit einem scharfen Messer entlang der Fettschicht an der Basis der Rippen ab. Anschließend schneiden Sie das Dreieck ab, sodass die Rippenleiter eine kompakte, rechteckige Form bekommt. Point und Rib Tips können Sie separat zubereiten. Sofern noch vorhanden, sollten Sie auch die zähe Fleischschürze auf der Knochenseite entfernen. Diese können Sie als

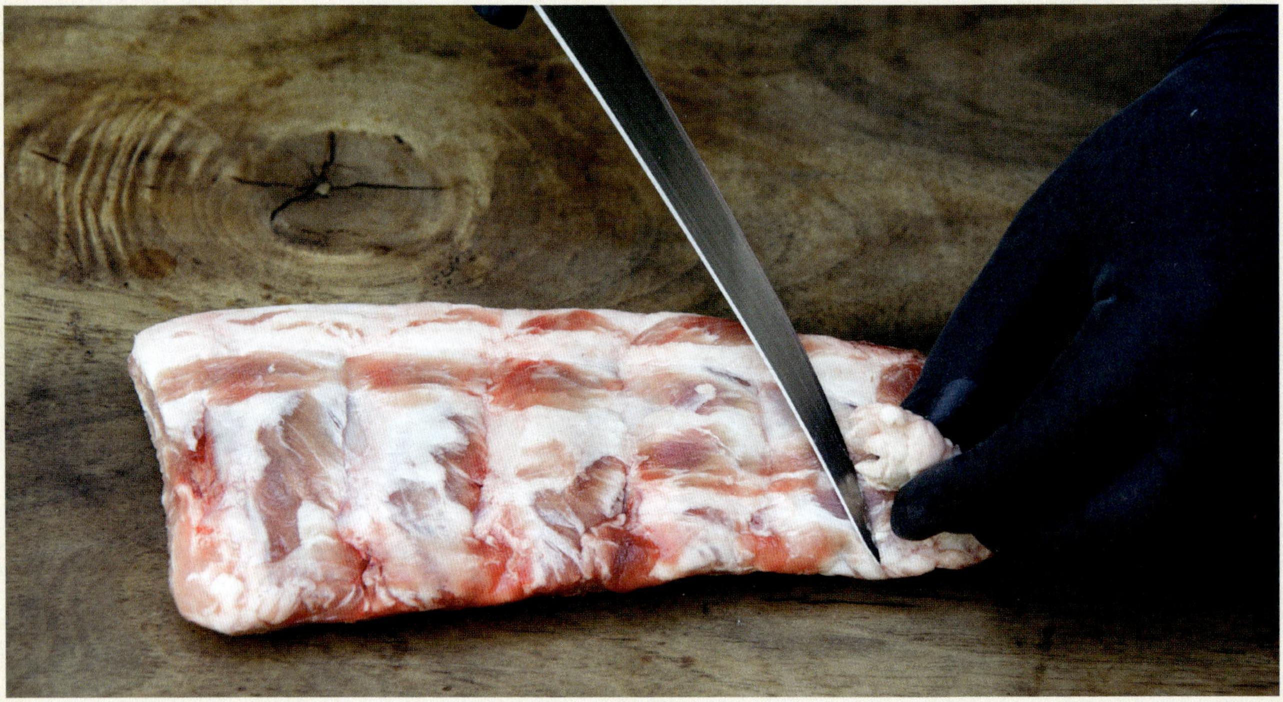

Einlage für gebackene Bohnen verwenden oder Brühe daraus kochen. Je gleichförmiger die Rippenleiter am Ende aussieht, desto gleichmäßiger gart sie.

2 Entfernen der Silberhaut

Die meisten Rippchen haben auf der Knochenseite eine silbrige Membran. Aus einer Reihe von Gründen würde ich sie entfernen; sie behindert z. B. die Aufnahme von Gewürzen und Rauch und ist außerdem zäher als der Rest des Fleisches.

Mithilfe eines Werkzeugs lässt sie sich relativ einfach abziehen. Verwenden Sie einfach ein Buttermesser oder die Spitze eines Fleischthermometers, um unter die Membran zu gelangen. Genaue Anweisungen finden Sie in jedem Rezept.

3 Würzen der Ribs mit Marinade oder Rub

Natürlich können Sie Ribs ausschließlich mit Salz und Pfeffer würzen und anschließend grillen (auf S. 134 finden Sie ein tolles Rezept für Salz-und-Pfeffer-Beef-Ribs). Die meisten Pitmaster setzen jedoch auf die vielfältigeren Geschmacksnuancen eines ausgeklügelten Rubs oder einer leckeren Marinade. Rubs sind Mischungen aus Gewürzen, Kräutern und oftmals Salz. Man streut sie über das Fleisch und reibt sie ein, woher ihr Name stammt (to rub = reiben). Sie können den Rub direkt vor dem Grillen auftragen, dann wirkt er wie eine Art Kräutersalz. Hat der Rub aber Zeit einzuwirken, vier bis sechs Stunden (oder länger), „pökelt“ er das Fleisch gleichzeitig. Im gesamten Buch finden Sie verschiedene Rubrezepte.

Eine Marinade ist eine feuchte Gewürzmischung, die aus aromatischen Flüssigkeiten wie Wein, Sojasauce, Fruchtsaft oder Olivenöl, einigen Gewürzen und geschmacksintensivem Gemüse wie Ingwer, Knoblauch oder Chilis besteht. Marinaden werden gern für Rippchen im asiatischen Stil verwendet, kommen aber auch häufig bei nordamerikanischen Pitmastern zum Einsatz. Ich verwende zum Marinieren gern Tropfschalen oder wiederverschließbare Plastikbeutel.

Bewahren Sie das eingelegte Fleisch immer im Kühlschrank auf. Verwenden Sie zum Marinieren keine

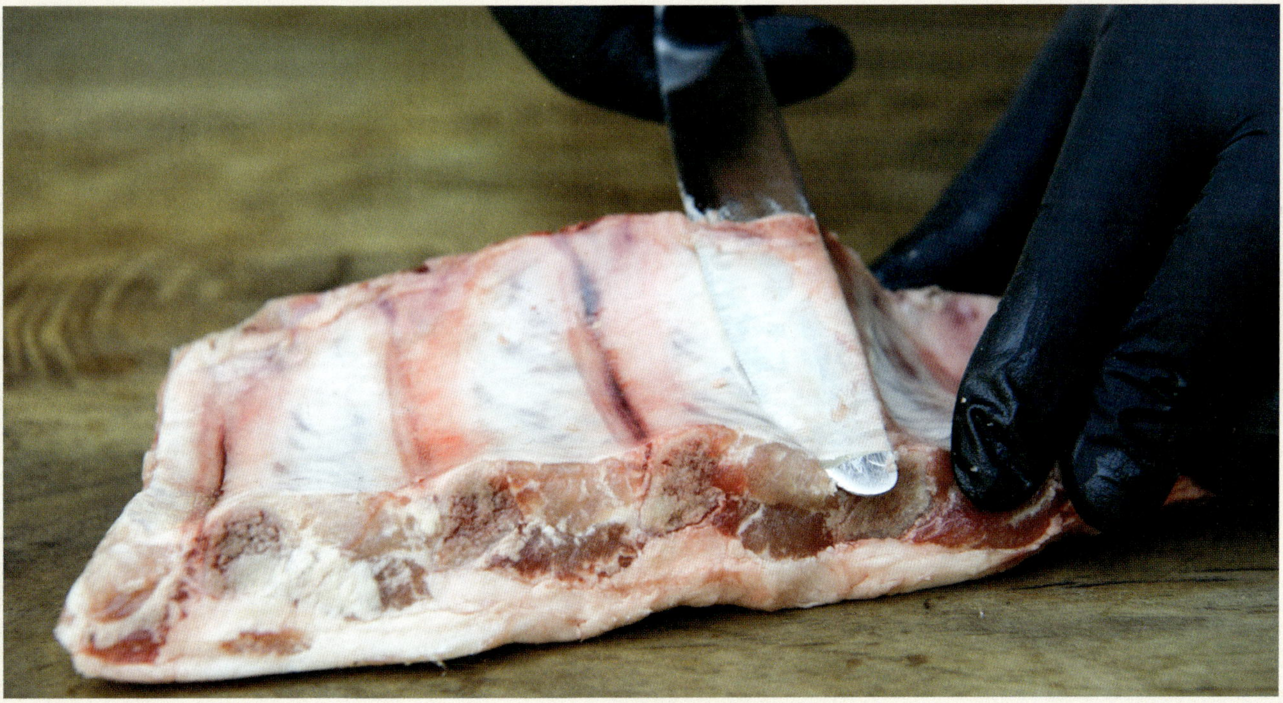

reaktiven Gefäße z. B. aus unbeschichtetem Aluminium oder Gusseisen, vor allem nicht bei säurehaltigen Zutaten wie Tomaten, Zitrussaft oder Essig. Eines ist noch ganz wichtig: Verwenden Sie eine Marinade, die mit rohem Fleisch in Berührung kam, auf keinen Fall ein zweites Mal, z. B. zum Bepinseln des Fleisches, es sei denn, Sie haben die Marinade vorher 3 Minuten aufgekocht, damit alle Bakterien abgetötet wurden. Anschließend muss die Marinade abgeseiht werden.
Ein Wet-Rub verbindet die Vorteile beider Varianten. Er ist eine Art Würzpaste, die dicker ist als eine Marinade und feuchter als ein Rub. Ein gutes Beispiel dafür finden Sie auf S. 150 bei den Sake-Short-Ribs.

4 Verwendung eines Rib Racks

Auf den Rost der meisten Kugelgrills passen höchstens zwei Rippenleitern. Mithilfe eines Rib Racks können Sie Ihre Kapazität (und die Anzahl der Gäste) leicht verdoppeln. Eine genaue Beschreibung finden Sie auf S. 52.

5 Moppen der Ribs

Direktes und indirektes Grillen und Smoken sind grundsätzlich trockene Zubereitungsmethoden. Damit die Ribs dennoch schön saftig bleiben, können wir sie z. B. moppen. Mopp-Saucen enthalten so gut wie keinen Zucker, deshalb kann man sie den ganzen Garvorgang hindurch auftragen, ohne dass sie verbrennen. Verwenden Sie zum Auftragen einen Barbecue-Mopp oder einen Küchenpinsel. Sie können die Mopp-Sauce auch in eine Sprühflasche füllen und das Fleisch damit besprühen.

6 Einwickeln der Ribs (falls notwendig)

Je nach Größe und Gewicht der Ribs sowie der Intensität des Rauches kann das Fleisch austrocknen und/oder überräuchern, bevor es gar ist. Machen Sie sich aber keine Sorgen, denn es gibt eine ganz einfache Lösung: Wickeln Sie das Fleisch einfach fest in Alufolie. Der eingeschlossene Dampf macht die Ribs schön zart und saftig. Passen Sie beim Auswickeln auf, dass Sie sich nicht die Finger verbrennen.

7 Sauce auf den Ribs – ja oder nein?

Puristen sind der Überzeugung, dass gute Ribs keine Sauce benötigen (siehe „Die große Rippchendebatte“ ab S. 60). Dennoch bevorzugen die meisten Menschen zumindest einen Hauch Sauce auf ihrem Fleisch. Ich grille Ribs deshalb gern indirekt, bis sie den gewünschten Gargrad erreicht haben, bepinsele sie dann leicht mit Sauce und lege sie einige Minuten direkt über die Glut. Ziel ist es, dem Fleisch eine Art Lackschicht (Glace) zu verleihen und es nicht in dicker, klebriger Sauce zu ertränken.

8 Erkennen, wann die Ribs gar sind

Zwei entscheidende Dinge muss jeder lernen, der ein echter Grillmeister werden will: die Kontrolle des Feuers bzw. der Glut (und damit der Hitze/Temperatur) und das Erkennen des Gargrades des Fleisches. In der „Barbecue University“ gehen wir dabei in drei Stufen vor. Auf Folgendes müssen Sie achten:

1. Das Äußere muss braun und knusprig sein.

2. Das Fleisch hat sich ca. 6 mm von den Knochenenden zurückgezogen (bei großen Rinderrippen darf es auch etwas mehr sein).

3. Das Fleisch ist zart genug, um es mit den Fingern zerteilen zu können. Rippchen sollten aber dennoch stets etwas „Biss“ haben.

Es gibt noch einen weiteren Trick. Wenn Sie Ribs smoken und in das Fleisch schneiden, sehen Sie direkt unter der Oberfläche eine rosarote Schicht. Diese nennen wir „Rauchring“ und er erscheint immer dann, wenn man Fleisch längere Zeit Rauch aussetzt. Wir nennen es auch das „rote Ehrenabzeichen“ des Barbecues. Besitzen Ihre Ribs einen Rauchring, haben Sie alles richtig gemacht. Weisen Sie Ihre Gäste ruhig darauf hin – Sie dürfen stolz darauf sein!

ZUBEREITUNG VON RIBS:

SECHS GROSSARTIGE METHODEN FÜR DIE HITZEREGULIERUNG

Ok, die Rippchen sind vorbereitet. Als nächstes müssen Sie die richtige Garmethode aussuchen. Glücklicherweise gibt es gleich sechs Methoden, zwischen denen Sie wählen können. Jede passt für eine bestimmte Art Ribs besonders gut und bei jeder bekommt das Fleisch eine einzigartige Konsistenz und einen großartigen Geschmack.

Direktes Grillen

Die meisten amerikanischen Pitmaster denken bei Ribs nicht als erstes an das direkte Grillen über glühender Kohle oder über den Gasbrennern. Rippchen enthalten schließlich viel Fett und Bindegewebe. Verbrennen sie nicht außen, bevor sie gar sind, wenn ich sie direkt über der Glut grille? Und wird das austretende Fett den Grill nicht in ein flammendes Inferno verwandeln? Pitmaster in Mexiko, Italien und Japan sehen das ganz anders. Dort wird das Fleisch überwiegend direkt gegrillt. Die muntere Glut sorgt für ein knusprig-rauchiges Äußeres (besonders, wenn man mit einem Holzfeuer arbeitet) und für ein saftiges Inneres, mit einer wunderbar bissfesten Konsistenz. Natürlich können Sie die Rippchen nicht einfach auf ein loderndes Feuer werfen und auf das Beste hoffen. Zunächst müssen Sie Fleisch auswählen, das für diese Zubereitungsmethode geeignet ist, z. B. zarte Baby Back Ribs vom Schwein oder Lamm- bzw. Kalbsrippchen. Ihre Glut sollte eine niedrige bis mittlere Hitze produzieren und Sie sollten eine Sicherheitszone ohne Glut einrichten, auf die Sie die Ribs legen können, sollten die Flammen auflodern (siehe Direktes Grillen: Zwei- und Drei-Zonen-Glut, S. 36 f.). Zu guter Letzt ist es wichtig, sich Zeit zu nehmen (12–20 Minuten pro Seite) und den Grillrost nicht zu überladen. Wenn Sie diese einfachen Schritte beachten, erhalten Sie am Ende köstliche Ribs.

Zum direkten Grillen geeignete Ribs:

Schwein	Baby Back Ribs, „echte" Baby Back Ribs und St. Louis Cut.
Rind	Nach koreanischer Art dünn geschnittene Short Ribs (Kalbi Kui) sowie argentinische Crosscut Short Ribs (Tira de Asado).

Kalbsrippen*, *Lammrippchen

Modifiziertes direktes Grillen

Den Begriff „modifiziertes direktes Grillen" werden Sie in Barbecue-Lehrbüchern vermutlich nicht finden, mir scheint es aber als beste Bezeichnung für eine Technik, die eine Brücke zwischen direktem und indirektem Grillen schlägt. So ist es z. B. die Garmethode der Wahl in einem der berühmtesten Barbecue-Restaurants in den USA, dem *Rendezvous* in Memphis, Tennessee. Beim modifizierten direkten Grillen wird das Gargut direkt über den glühenden Kohlen zubereitet, allerdings hängt der Grillrost sehr hoch über der Glut. Dieser einzigartige Aufbau ermöglicht ein direktes Grillen der Ribs, ohne dass die Gefahr besteht, dass sie verbrennen. Die Gartemperatur ähnelt eher dem indirekten Grillen. Dank der Distanz zwischen Grillgut und Glut kommt es praktisch nie zu einem Aufflammen durch austretendes Fett.

Sollten Sie einen Schwenkgrill oder einen gemauerten Grill besitzen, können Sie den Rost vermutlich problemlos hoch genug hängen (er sollte sich 30–60 cm über der Glut befinden). Den gleichen Effekt erzielen Sie, wenn Sie die Ribs in einem Keramikgrill zubereiten (siehe S. 47). Dort ist der Rost von Haus aus hoch über den Kohlen befestigt.

Zum modifizierten direkten Grillen geeignete Ribs:

Schwein Baby Back Ribs, „echte" Baby Back Ribs und St. Louis Cut

Rind Nach koreanischer Art dünn geschnittene Short Ribs (Kalbi Kui) sowie argentinische Crosscut Short Ribs (Tira de Asado).

Kalbsrippen*, *Lammrippchen

Indirektes Grillen

Dies ist (neben dem „Räuchergrillen") eine meiner liebsten Zubereitungsmethode für Ribs. Wenn man relativ zartes, gut durchwachsenes Fleisch wie Baby Back Ribs vom Schwein oder Beef Back Ribs gart, empfiehlt sich größere Hitze, damit das Fett schmelzen kann und das Fleisch eine knusprige Kruste bekommt. Indirekt gegrillte Ribs sind knusprig, haben Biss und Charakter; gesmokte Rippchen sind dagegen „nur" zarte Perfektion (nicht, dass irgendetwas gegen zarte Perfektion sprechen würde).

Zum indirekten Grillen geeignete Ribs:

Schwein: Baby Back Ribs, Spareribs, St. Louis Cut und Rib Tips

Rind: Back und Short Ribs

Kalbsrippen*, *Lammrippchen

Räuchergrillen

Viele von Ihnen haben diesen Begriff vielleicht noch nie gehört, wenden die Zubereitungsmethode aber bereits seit Jahren an. Räuchergrillen bezeichnet – kurz gesagt – das indirekte Grillen mit Holzrauch und einer, im Vergleich zum Smoken, hohen Temperatur. Warum aber einen eigenen Begriff dafür kreieren? In zahlreichen Kulturen ist Holzrauch kein Teil der Barbecuetradition. Türken, Thais und Taiwanesen grillen Ribs z. B. über Holzkohle, verwenden aber kein Holz zur Rauchentstehung. Indirekt kann man auf einem Gas- oder Holzkohlegrill grillen; für erfolgreiches Räuchergrillen benötigt man aber zwangsläufig einen Holzkohlegrill bzw. einen direkt mit Holz befeuerten Grill. Während ich die rauchfreien Methoden zur Zubereitung asiatisch angehauchter Rezepte verwende, ist das Räuchergrillen für mich persönlich eine der besten Methoden zur Zubereitung von echtem amerikanischem Barbecue. Anweisung zur Einrichtung eines Grills für das Räuchergrillen finden Sie auf S. 42.

Zum Räuchergrillen geeignete Ribs:

Schwein: Baby Back Ribs, Spareribs und Rib Tips

Rind: Back und Short Ribs

Kalbsrippen, Bisonrippen, Lammrippchen

Smoken

Im Süden und im Mittleren Westen der USA ist das Smoken von Ribs die Garmethode der Wahl. Keine andere Methode kann mithalten, wenn es um das Zartmachen von Bindegewebe und das Abschmelzen von Fett geht. Zudem wird dem Fleisch bei keiner anderen Methode ein ähnlich intensiver Rauchgeschmack verliehen. Echtes Smoken ist eine indirekte Garmethode. Das Fleisch gart neben, nicht über dem Feuer (oder ggf. sehr hoch darüber). Die großen Unterschiede zum Grillen sind jedoch die niedrige Gartemperatur von 110–120 °C und die lange Garzeit – Spareribs vom Schwein bzw. Beef Back Ribs und Beef Short Ribs benötigen 4–6 Stunden. Der langsame Niedertemperaturprozess produziert erstklassiges traditionelles amerikanisches Barbecue.

Ab S. 48 finden Sie Beschreibungen einer Anzahl von verschiedenen Smokern.

Für das Smoken geeignete Ribs:

Schwein: Baby Back Ribs, Spareribs, St. Louis Cut, Rib Tips und Riblets

Rind: Beef Back Ribs und Beef Short Ribs

Bisonrippen, Kalbsrippen, Lammrippchen

Grillen am Drehspieß

Der Drehspieß eignet sich hervorragend für die Zubereitung von Ribs. Die Methode hat mehrere Vorteile: Durch die seitliche Hitze wird das Fett abgeschmolzen und das Fleisch knusprig braun, ohne zu verbrennen. Durch die sanfte Drehung wird das Fleisch in seinen eigenen Säften und im schmelzenden Fett gegart, wodurch es wunderbar zart und saftig wird. Es ist daher nicht verwunderlich, dass der Drehspieß in vielen Teilen der Welt recht häufig zum Einsatz kommt. Ich habe am Spieß gegartes Fleisch in so unterschiedlichen Ländern wie Frankreich, Italien, der Türkei, Singapur und Brasilien gegessen. In den USA ist der Drehspieß erstaunlicherweise bisher eher eine Ausnahme. Falls Sie einen Holzkohlegrill besitzen, können Sie dafür einen Drehaufsatz kaufen. Beachten Sie beim Aufbau auf jeden Fall die Herstellerangaben. Weitere Hinweise finden Sie auf S. 49.

Für das Grillen am Drehspieß geeignete Ribs:

Schwein: Baby Back Ribs, „echte“ Baby Back Ribs und St. Louis Cut

Kalbsrippen, Lammrippchen

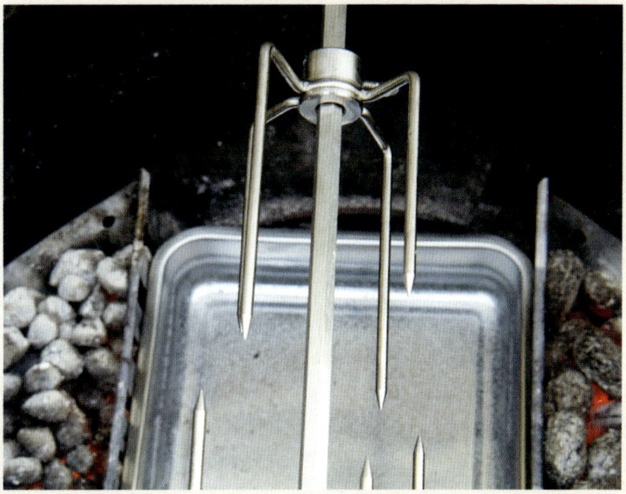

ZUBEREITUNGS-METHODEN, DIE SIE IN ANDEREN BÜCHERN FINDEN

Nicht jeder Koch kann ohne weiteres im Freien grillen und in manchen Kulturen ist es nicht üblich. So entwickelte der Mensch dank seines Einfallsreichtums verschiedene Möglichkeiten, Ribs auch in geschlossenen Räumen zuzubereiten. Hier ist ein rascher Überblick.

Kochen

Falls es Ihrer Küchentradition entsprechen sollte, Rippchen in Wasser oder einer anderen Flüssigkeit zu kochen – OK. Das Kochen kann jedoch für viele angehende Pitmaster ein fataler Ausgangspunkt sein – sobald sie nämlich glauben, zähe, fette Ribs müssten auf diese Weise weich gemacht werden und ihr Fett verlieren. Es stimmt schon, beim Kochen passieren all diese Dinge, aber gleichzeitig verliert das Fleisch auch seinen Geschmack, seinen Charakter und seine Seele. Einige Pitmaster wollen das dann wieder ausgleichen, indem sie die Ribs zum Schluss mit Barbecuesauce bestreichen und auf dem heißen Grill bräunen. Tatsache ist jedoch, durch Smoken, Räuchergrillen, indirektes und direktes Grillen erzielen Sie das gleiche Ergebnis; zusätzlich haben diese Ribs aber wesentlich mehr Geschmack und Stil.

Backen

Im Gegensatz zum Kochen werden die Ribs im Ofen wenigstens mit trockener Hitze gegart. Dadurch karamellisiert das Protein im Fleisch viel besser und bräunt es, was wiederum für mehr Geschmack sorgt. Durch indirektes Grillen erzielen Sie das gleiche Ergebnis, das aber noch einmal deutlich mehr Geschmack erzeugt.

Schmoren

Schmoren kombiniert die Vorteile von Kochen und Backen. Die Ribs garen dabei in einem geschlossenem Bräter mit aromatischem Gemüse, Kräutern, Gewürzen und etwas Flüssigkeit. Die Franzosen und Italiener beherrschen diese Methode meisterhaft. Eine gute Nachricht für angehende Pitmaster ist, dass sie Rippchen auch in einer Tropfschale aus Alufolie auf dem Grill schmoren können und dem Ganzen dabei noch ein wunderbares Raucharoma verleihen können.

Frittieren

Die Chinesen vollenden gekochte oder gebackene Ribs gern mit einem Tauchbad in siedendem Öl. Dadurch bildet sich eine extrem knusprige, glänzende Oberfläche. Gegen das köstliche Resultat spricht eigentlich nur eines: Es ist kein Barbecue.

EINRICHTEN EINES GRILLS

Egal, ob Sie Gas oder Holzkohle bevorzugen, zuerst müssen Sie Ihr Arbeitsgerät richtig einrichten. Auf den nächsten Seiten finden Sie eine grundlegende Anleitung, gefolgt von Richtlinien zur Verwendung von Gas- oder Holzkohlegrills für das direkte und indirekte Grillen, das Räuchergrillen und das Smoken. Einen Überblick über die Vorzüge verschiedener Grillarten erhalten Sie ab S. 46: „Worauf kann man Ribs garen? Ein kurzer Überblick über Grills und Smoker."

Holzkohlegrills

Früher, oder sagen wir besser, in meiner Jugend, war das Anzünden eines Grills eine leichte Sache. Wir kippten die Kohle in den Grill, tränkten das Ganze mit Feuerzeugbenzin und warfen ein Streichholz hinein. Die Kohlen in der Mitte fingen meist Feuer, die am Rand eher nicht. Sofern man nicht die Geduld hatte abzuwarten, bis die Kohlen rotglühend waren und sich eine Ascheschicht gebildet hatte, schmeckte das Essen häufig nach Benzin – ein Geschmack, den meine Generation mit Grillen assoziiert.

Heute verwenden wir einen Anzündkamin, einen Metallzylinder oder eine Kiste mit einem Abteil mit Drahtboden darin. Oben kommen die Kohlen hinein, unten legt man ein zerknülltes Papierstück oder einen Grillanzünder drunter und zündet es an. Nun entzünden sich die Kohlen rasch in dem Kamin.

Das Ganze hat drei Vorteile: Wir benötigen keine brennbare Flüssigkeit auf Petroleumbasis mehr, die

senkrechte Form des Anzündkamins sorgt für gleichmäßiges Entzünden der Kohlen und die glühenden Kohlen lassen sich schließlich leicht dorthin transportieren, wo wir sie benötigen.
Lassen Sie mich rasch etwas zum Unterschied zwischen natürlichen Holzkohlestücken und Grillbriketts sagen. Holzkohlestücke bestehen aus Holzscheiten oder -stücken, die so lange in einem sauerstoffarmen Meiler verbrannt wurden, bis das gesamte Wasser und fast alle Rauch produzierenden Bestandteile verdampft sind. Die entstandene Kohle brennt sauber und heiß, aber nicht so lange wie Briketts.
Briketts bestehen meist aus einer Mischung aus gemahlener Kohle, Kohlestaub, Holzresten, Sägespäne, Borax und Bindemitteln auf Petroleumbasis. Sie brennen gleichmäßiger als Kohlestücke und produzieren eine gleichmäßige starke Hitze über einen längeren Zeitraum. Ich persönlich bevorzuge Holzkohlestücke, aber wenn Sie die Briketts so lange brennen lassen, bis die ganze brennbare Flüssigkeit darin verbrannt ist, werden Sie gute Resultate erzielen. Nicht umsonst wenden zahlreiche hochdekorierte Pitmaster nach wie vor die alte Brikett-und-Feuerzeugbenzin-Methode an und gewinnen Preise.

Direktes Grillen: Glut mit zwei und drei Zonen

Zahlreiche Pitmaster grillen Ribs direkt über der Glut, vor allem in Europa und Lateinamerika ist dies eine beliebte Methode. Diese Rippchen haben eine knusprige Kruste und sind fest und fleischig. Wie grillt man aber ein zähes, fettes Stück Fleisch ohne es zu verbrennen oder für ein Aufflammen der Glut zu sorgen? Das Geheimnis liegt in den Glutzonen. Sie kontrollieren, wie rasch die Ribs garen, indem Sie diese von einer heißen in eine kühlere Zone legen. Lodert plötzlich ein Feuer auf oder beginnt das Fleisch zu verbrennen, schieben Sie es in die Sicherheitszone. Eine Mehrzonenglut kann aus zwei oder drei Zonen bestehen.

Die Zwei-Zonen-Glut

Dieses nutzen wir für „echte" Baby Back Ribs, Schweinerippchen im St. Louis Cut sowie für Kalbs- und Lammrippchen.
Zum Aufbau einer Zwei-Zonen-Glut im Holzkohlegrill entzünden Sie zunächst die Kohlen im Anzündkamin (siehe S. 35). Dann schütten Sie diese auf eine Seite des Grills und verteilen sie so, dass die Kohlen eine Hälfte des Bodens einschichtig bedecken. Die andere Hälfte des Grillbodens bleibt leer. Für einen Grill mit mittlerer Hitze (160–180 °C) benötigen Sie mehr Kohlen als für einen

Die drei Regeln des direkten Grillens

Beim direkten Grillen haben ich ein kleines Mantra, das zum Erfolg führt: Halte es heiß. Halte es sauber. Halte es gut eingeölt.

Ich will damit sagen, Ihr Ausgangspunkt ist ein heißer Grillrost. Reinigen Sie ihn mit einer Drahtbürste. Anschließend falten Sie ein Küchenpapier fest zusammen, tauchen es in Pflanzenöl und ölen damit den Rost sorgfältig ein. Am besten halten Sie das Papier mit einer Grillzange. Ich nenne das gute Grillhygiene und diese erleichtert Ihnen das Leben auf dreierlei Art:

Ein heißer Rost lässt sich leichter reinigen als ein kalter.
Auf einem heißen Rost brät Fleisch besser als auf einem kalten.
An einem heißen Rost bleibt Fleisch nicht so leicht kleben.

Grill mit niedrigerer Hitze (110–120 °C). Grundsätzlich sorgt eine doppelte Kohleschicht für große Hitze, eine einfache Schicht für mittlere Hitze und eine einfache Schicht, die stärker verteilt wird, für schwächere Hitze. Prüfen Sie die Hitze mithilfe der Mississippi-Methode (siehe S. 41).

In einem Gasgrill kommt es auf die Brenneranordnung an. Bei zwei Brennern stellen Sie einen auf die gewünschte Temperatur ein und lassen den anderen ausgeschaltet. Bei drei Brennern entzünden Sie die hinteren beiden und lassen den vorderen aus. Bei vier bis sechs Brennern schalten Sie nur eine Hälfte ein.

Die Drei-Zonen-Glut

Die Drei-Zonen-Glut eignet sich für Schweinerippchen sowie dünn oder quer geschnittene Beef Short Ribs. Zum Aufbau einer Drei-Zonen-Glut im Holzkohlegrill entzünden Sie zunächst die Kohlen im Anzündkamin (siehe S. 35). Dann schütten Sie diese auf eine Seite des Grills und verteilen sie so, dass etwa ⅔ der Kohlenmenge ⅓ des Grillbodens doppelschichtig bedeckt. Das restliche Drittel verteilen Sie einschichtig in der Mitte des Grills. Das letzte Drittel des Grillbodens bleibt leer. Die doppelte Kohlenschicht ist sehr heiß und somit zum scharfen Anbraten geeignet. Die einfache Schicht bildet die mittlere Zone zum Garen und der kohlefreie Bereich ist die Sicherheitszone. Prüfen Sie die Hitze mithilfe der Mississippi-Methode.

Bei einem Gasgrill mit zwei Brennern stellen Sie einen hoch, den anderen mittel ein. Das Warmhaltegitter dient als Sicherheitszone. Bei drei Brennern stellen Sie den hintersten hoch ein, den mittleren mittel und lassen den vordersten aus. Bei vier bis sechs Brennern stellen Sie zwei hoch ein, ein bis zwei mittel und den Rest lassen Sie ausgeschaltet.

Zwei-Zonen

Drei-Zonen

Indirektes Grillen

Indirektes Grillen

Das indirekte Grillen – eine kinderleichte Methode zum Garen von Rippchen – ist einfach, zuverlässig und wird von Millionen amerikanischen Grillmeistern angewandt. Es eignet sich sowohl für Holzkohle- als auch Gasgrills und wenn Sie Holzchips oder -Chunks hinzugeben, wird daraus „räuchergrillen" (siehe nächste Seite).

Beim Holzkohlegrill entzünden Sie zunächst die Kohlen im Anzündkamin (siehe S. 35). Dann verteilen Sie diese auf zwei Haufen auf den gegenüberliegenden Seiten des Grills. In die Mitte des Grillbodens, unterhalb des Rostes, stellen Sie eine Tropfschale aus Alufolie. Die Ribs werden nun auf dem Rost über der Tropfschale gegart, der Grill muss dazu geschlossen werden. Sofern Sie Fleisch länger als eine Stunde garen, müssen Sie neue Kohlen nachlegen, die Sie dazu im Anzündkamin vorglühen können.

Bei einem Gasgrill mit zwei Brennern stellen Sie bei einem die gewünschte Temperatur ein und lassen den anderen aus. Das Grillgut legen Sie über den ausgeschalteten Brenner und schließen den Deckel. Die Rippchen müssen mehrmals verschoben werden, damit sie gleichmäßig garen. Bei drei Brennern stellen Sie die äußeren bzw. den vorderen und hinteren Brenner entsprechend ein und garen die Rippchen über dem mittleren. Ebenso verfahren Sie bei vier bis sechs Brennern: die äußeren werden eingeschaltet, die mittleren bleiben aus. Bei beiden Varianten muss der Deckel des Grills geschlossen werden.

Wie heiß ist es? Der Mississippi-Test

Bei den Rezepten in diesem Buch ist stets das gewünschte Temperaturniveau angegeben – niedrig, mittel, hoch/heiß usw. Der Tabelle können Sie die spezifischen Temperaturen bzw. die Temperaturspanne für das jeweilige Hitzeniveau entnehmen.

Sofern Ihr Grill ein eingebautes Thermometer hat, können Sie dies natürlich verwenden. Manchmal zeigt es jedoch nur einen ungefähren Wert an. Ein verlässlicher Weg zur Temperaturmessung ist hingegen der Mississippi-Test. Halten Sie Ihre Hand etwa 10 cm über den Rost und beginnen Sie zu zählen: „Ein Mississippi, zwei Mississippi ..." Ist die Glut sehr heiß, werden Sie höchstens bis drei Mississippi zählen können, bevor Sie die Hand wegziehen müssen. Ist die Hitze eher gering, können Sie bis zwölf Mississippi zählen. Hier eine Aufschlüsselung für die verschiedenen Temperaturniveaus:

Hitze	Temperatur	Mississippi-Anzahl
Hoch/heiß	230–340 °C	2–3 Mississippi
Mittel-hoch	200 °C	4 Mississippi
Mittel	160–180 °C	5–6 Mississippi
Mittel-niedrig	150 °C	7–8 Mississippi
Niedrig/gering	110–120 °C	9–12 Mississippi

Räuchergrillen

Räuchergrillen ist nichts anderes, als Fleisch bei gemäßigter Hitze auf einem Holzkohle- oder, wenn es unbedingt sein muss, Gasgrill zu smoken. Was ist daran so besonders? Nun, das Räuchergrillen unterscheidet sich von echtem Smoken darin, dass es bei höheren Temperaturen geschieht (160–180 °C anstatt 110–120 °C). Bei höheren Temperaturen wird das Fleisch knuspriger und „zäher" (die gute Art von zäh). Außerdem geht es wesentlich schneller. Richtiges Smoken bei niedriger Temperatur („low and slow"), will sorgfältig geplant sein und muss bereits einen halben Tag vor dem Servieren begonnen werden. Räuchergrillen können Sie auch einfach schnell nach der Arbeit. Bei beiden Methoden erhalten Sie das wundervolle Raucharoma des traditionellen Barbecues.

Früher gab ich bevorzugt Anleitungen zum Smoken von Ribs und anderem Fleisch auf dem Gasgrill, aber meine Sichtweise hat sich geändert. Wer Rippchen mit richtigem Raucharoma möchte, muss unbedingt mit Holzkohle sowie Holzchips bzw. -chunks arbeiten. Im Anschluss zeige ich Ihnen, wie Sie auf einem Gasgrill dennoch eine Art Raucharoma erzeugen können. Ganz egal, wie sehr Sie das Grillen auf Ihrem Gasgrill lieben, ich empfehle Ihnen auf alle Fälle zusätzlich einen preiswerten Holzkohle-Kugelgrill mit ca. 60 cm Durchmesser zum Smoken anzuschaffen (mehr über Kugelgrills erfahren Sie auf S. 46).

Zum Smoken benötigen Sie natürlich Holz, d. h., Hartholzchips oder -chunks. Zum Räuchergrillen der meisten Rippchen benötigen Sie ungefähr 1½ Tassen für zwei Rippenleitern. Legen Sie das Holz vor der Verwendung 1 Stunde in Wasser ein. Gießen Sie das Wasser ein paar Minuten bevor das Holz auf die Kohlen kommt ab. Eingeweichte Holzchips glimmen anstatt zu verbrennen, was für eine schöne Rauchentwicklung sorgt. Richten Sie Ihren Holzkohlegrill wie für das indirekte Grillen ein. Verteilen Sie die Holzchips auf den Kohlehaufen und schließen Sie den Grill. Die Abzüge oben und unten sollten geöffnet sein. Dauert der Garvorgang länger als 1 Stunde, müssen Sie Kohlen nachlegen.

Beim Gasgrill erzeugen Sie Raucharoma mithilfe einer Räucherbox (eine flache Metallbox für Holzchips), falls vorhanden. Stellen Sie den Brenner unter der Räucherbox hoch ein. Die weiteren Brenner richten Sie für indirektes Grillen ein. Sobald sich Rauch bildet, legen Sie das Fleisch auf den Rost und schließen den Grill.

Besitzen Sie keine Räucherbox, wickeln Sie 1½–2 Tassen abgetropfte Holzchips in feste Alufolie, sodass ein flacher Beutel entsteht. Oben stechen Sie einige Löcher hinein, damit der Rauch entweichen kann. Diesen Beutel legen Sie über einen der Brenner (der heißeste Teil eines Gasgrills ist meist eine der hinteren Ecken). Heizen Sie den Grill bei großer Hitze vor, bis sich Rauch bildet. Dann reduzieren Sie die Hitze auf die gewünschte Temperatur und stellen den Grill für indirektes Grillen ein. Legen Sie das Grillgut auf den Rost und schließen Sie den Deckel.

Gasgrills

Beim Gasgrill dreht man zum Anschalten einfach einen Knopf oder drückt darauf. Dennoch gibt es in puncto Sicherheit und Effizienz auch beim Grillen mit Propan einiges zu beachten.

Achten Sie darauf, dass die Gasflasche stets ausreichend voll ist. Es gibt nichts schlimmeres, als wenn Sie gerade Rippchen für zwanzig Leute grillen und Ihnen plötzlich das Gas ausgeht. Ich empfehle, immer eine Ersatzflasche zur Hand zu haben. Lagern Sie die Gasflaschen senkrecht und niemals neben dem Grill.

Achten Sie beim Anschließen einer neuen Flasche darauf, dass es kein Leck gibt. Hierzu können Sie einen Geruchstest machen, Sie können aber auch eine Flüssigkeit herstellen, die Gaslecks aufdeckt. Mischen Sie dazu Wasser und Spülmittel zu gleichen Teilen. Pinseln Sie damit die Schläuche und Anschlüsse ein. Tritt irgendwo Gas aus, bilden sich an dieser Stelle Blasen.

Ist die Gasflasche angeschlossen, öffnen Sie das Ventil oben an der Flasche. Nun drücken Sie den Zünder und entzünden somit den Grill.

Beim Anzünden eines Gasgrills sollte der Deckel immer geöffnet sein. Im schlimmsten Fall kann sich darunter sonst Gas ansammeln und explodieren. Das ist kein Witz; ich habe es selbst erlebt.

Smoken auf dem Gasgrill – die extremen Varianten

Gasgrills haben viele Vorteile. Sie lassen sich auf Knopfdruck entzünden und die Temperaturregelung erfolgt per Drehknopf. Sie können stets eine gleichmäßige Hitze gewährleisten und zudem ist Propan auch noch recht sauber. Gasgrills eignen sich wunderbar für das direkte und indirekte Grillen sowie das Grillen am Spieß. In einem Bereich versagt aber nahezu jeder Gasgrill, und das ist das Smoken.

Sogar bei den hochwertigsten Supergasgrills aus Edelstahl mit eingebauten Räucherboxen, die über einen separaten Brenner verfügen, besteht dieses Problem. Sie produzieren zwar eine Menge Rauch, dennoch nehmen die Ribs (oder anderes Grillgut) selten das ersehnte Raucharoma an. Das Problem liegt in der Weise wie der Abzug bei Gasgrills funktioniert. Ein Gasgrill benötigt viel Luft, deshalb hat er hinten breite Lüftungsöffnungen. Ganz egal wie viel Rauch ein Gasgrill produziert – der meiste zieht durch diese Öffnungen ab.

Wenn Sie es mit dem Smoken auf dem Gasgrill wirklich ernst meinen, gibt es drei mögliche Lösungen. Zum einen können Sie sich eine wirklich große Räucherbox zulegen, am besten ein großer, schwerer, flacher Metallkasten, der unter den Rost direkt über die Brenner gestellt wird. Sie füllen den Kasten mit eingeweichten Holzchips und stellen ihn in den vorgeheizten Grill. Der aufsteigende Rauch aromatisiert das Grillgut sanft. Die Box sollte eine große Oberfläche haben, damit sie effizienter arbeiten kann, als die üblichen Räucherboxen.

Die zweite Möglichkeit besteht darin, acht bis zehn glühende Holzkohlestücke in eine gusseiserne Pfanne (oder ähnliches) zu legen und diese neben das Grillgut auf den Rost zu stellen. Auf die Kohlen geben Sie dann einen Räucher-Chunk bzw. drei oder vier Chunks oder, alternativ, 1–1½ Tassen eingeweichte Hartholzchips. Auf diese Weise entsteht eine Menge Rauch. Nachdem Sie die Brenner abgeschaltet haben, verschließen Sie die Abzüge mit zerknüllter Alufolie, sodass der Großteil des Rauches nicht entweichen kann. Das Grillgut wird nun durch die Umgebungshitze gegart. Es kann jedoch sein, dass Sie die Abzüge noch einmal öffnen und die Brenner

entzünden müssen, um das Grillgut fertig zu garen. Denken Sie unbedingt vor dem Entzünden an das Öffnen des Grills!
Die dritte Methode ist ein Vorschlag, der nicht von einem bekannten Grillmaster stammt, sondern von dem US-amerikanischen Radiomoderator Howard Stern. Füllen Sie dazu die Räucherbox des Grills mit eingeweichten Holzchips und drehen Sie den Brenner der Räucherbox so hoch wie möglich. So entsteht erst einmal sehr viel Rauch. Nun schalten Sie alle Brenner aus und verschließend die Abzüge mit zerknüllter Alufolie. Lassen Sie die Rippchen 15–20 Minuten im Rauch liegen, dann öffnen Sie den Grill und die Abzüge, zünden die Brenner wieder an und garen die Ribs zu Ende. Unter Umständen müssen Sie den Smoke-Prozess wiederholen, aber lassen Sie einen Gasgrill niemals – niemals! – mit verschlossenen Lüftungsöffnungen laufen.

Echtes Smoken – „low and slow"

Echtes Smoken findet traditionell bei niedriger Temperatur und über einen langen Zeitraum hinweg statt. Oft wird dafür ein Wasser- oder Barrel-Smoker verwendet. Wahrscheinlich wissen Sie, dass Sie auch mit einem Kugelgrill traditionell smoken können. Dazu richten Sie den Grill wie für das Räuchergrillen ein, verwenden aber nur halb so viel Kohle, damit die Temperatur niedrig bleibt. Bei den Bad-to-the-Bone-Ribs (S. 116), Prinzessinnen-Ribs (S. 122), Porkosaurus-Ribs (S. 128), Dinosaurier-Ribs (S. 144) und den Rabbiner-Ribs (S. 164) erhalten Sie konkrete Anweisungen für die Verwendung eines Holzkohlegrills als Smoker.
Die Nutzung eines Gasgrills als Smoker ist nahezu unmöglich, aber ich habe Ihnen dennoch einige (extreme) Möglichkeiten erläutert.
Falls Sie mehr über echte Smoker wissen möchten, finden Sie auf S. 48 f. entsprechende Angaben.

WORAUF KÖNNEN SIE RIBS GAREN?

Ein kurzer Überblick über Grills und Smoker

Die gute Nachricht ist: Rippchen kann man auf jedem Grill zubereiten. Auf dem Gasgrill, einem Wassersmoker oder einem Kugelgrill, in einem Keramikgrill, einem Smoker, groß wie ein Anhänger, oder dem winzigen Hibachi-Grill.

Die weniger gute Nachricht ist: Wollen Sie ein echter Rib-Master werden, brauchen Sie einen Holzkohlegrill oder Smoker. Der Grund ist simpel: Die meisten Rippchen schmecken am besten, wenn sie kräftig durch Holzrauch aromatisiert werden. Auf einem Holzkohlegrill oder in einem Smoker ist das Smoken einfach. Im Gasgrill ist es beinahe unmöglich. Das heißt natürlich nicht, dass es keine Gasgrills mit ausgefeilten Raucherzeugungssystemen gibt. Sie haben oft Räucherkammern oder -boxen mit eigenen Brennern. Das Problem ist jedoch: Egal, wie aufwendig oder teuer die Grills sind – der meiste Rauch zieht durch die großen Lüftungsöffnungen im hinteren Teil ab.

Smoker und Holzkohlegrills sind aber nur Beispiele, denn gute Rippchen wurden und werden auf allem zubereitet, was mit offenem Feuer und/oder Glut arbeitet. Auf den nächsten Seiten gebe ich Ihnen eine Übersicht über die vielen Möglichkeiten und wie Sie diese am besten ausnutzen. Über die Fakten zum richtigen Einrichten eines Grills können Sie sich ab S. 35 informieren. Vollständige Beschreibungen der verschiedenen Garmethoden erhalten Sie ab S. 30, „Zubereitung von Ribs: Sechs großartige Methoden für die Hitzeregulierung“.

Holzkohlegrills

Ich vermute, Sie besitzen bereits einen Holzkohlegrill oder werden demnächst einen kaufen. Falls Sie noch auf der Suche sind, bedenken Sie, dass es Holzkohlegrills in verschiedenen Größen und Formen gibt. Die folgenden beiden sind am besten geeignet.

Kugelgrill

Der von Weber eingeführte Kugelgrill ist eines der perfektesten Grillgeräte, die ich kenne. Sie können ihn für jede mögliche Zubereitungsmethode einsetzen: direktes und indirektes Grillen, Räuchergrillen, Smoken und sogar für Ribs vom Spieß (OK, Sie müssen zusätzlich noch einen Drehspieß mit Motor kaufen). Auf einen Grill mit etwa 60 cm Durchmesser passen zwei Leitern Baby Back Ribs; indem Sie ein Rib Rack (siehe S. 52) verwenden, erhöhen Sie die Kapazität auf vier Leitern. Einer der größten Kugelgrills ist der Weber Ranch mit einem Durchmesser von 90 cm, auf den mindestens zwölf Rippenleitern passen.

Ein Kugelgrill besteht aus einer schüsselartigen Feuerbox auf vier Füßen mit einem runden Deckel sowie Abzugslöchern oben und unten zur Temperaturregulierung (für eine heißere Glut öffnen Sie die Abzüge, für eine kühlere halten Sie diese halb geschlossen). Kugelgrills eignen sich perfekt für direkt und indirekt gegrillte Ribs, für das Räuchergrillen und das Grillen am Spieß.

Worauf sollte man beim Kauf eines Kugelgrills achten?

- Durchmesser von mindestens 60 cm (alles andere ist nicht hoch genug für ein Rib Rack)
- Kohlekörbe an den Seites für die Kohlen beim indirekten Grillen
- Grillrost mit Scharnieren an beiden Seiten, damit man leicht Kohlen oder Holzchips nachlegen kann
- Aschefänger unter der Feuerbox
- eingebautes Deckelthermometer
- Arbeitsfläche an der Seite

Keramikgrill (Kamado)

Ein Keramikgrill sieht meist wie ein großes Ei auf Füßen aus. Auf etwas mehr als halber Höhe hat er ein robustes Scharnier, an dem man ihn öffnen kann. Dank seiner dicken Keramikwände (ungefähr 2–2,5 cm dick) ist er thermodynamisch gesehen höchst effizient. Unten hat er eine große Abzugsöffnung; der obere Abzug hat mehrere Einstellungsmöglichkeiten, damit man von sehr niedrigen Temperaturen (110 °C) bis zu sehr hohen (370 °C, die Sie für Ribs aber niemals benötigen) die ganze Bandbreite ausnutzen kann.

Die Vorteile des Keramikgrills liegen in seiner sehr gleichmäßigen Temperatur und seiner Fähigkeit, Feuchtigkeit zurückzuhalten. Zudem benötigt er nur sehr wenig Kohle; eine Ladung brennt mehrere Stunden lang. Es gibt aber auch einige Nachteile. Zum Nachlegen von Kohlen oder Holzchips müssen Sie, bei vielen Modellen, den recht kleinen Grillrost herausnehmen. Bei einigen Modellen bleibt zudem oft etwas Asche auf dem Grillgut zurück. Nichtsdestotrotz schwören ihre Anhänger auf die großen, schweren Grills. Keramikgrills eignen sich gut für direkt und indirekt gegrillte, für räuchergegrillte und gesmokte Ribs. Die bekanntesten Vertreter sind Big Green Egg und Monolith.

Worauf sollte man beim Kauf eines Keramikgrills achten?

- dicke Keramikwände
- ein robustes Scharnier mit der Möglichkeit zum Einrasten bei geöffnetem Deckel
- Arbeitsfläche (z. B. an der Seite)

Gasgrills

Gasgrills sind in nahezu jeder Größe und Preisklasse erhältlich. Sie benötigen einen Grill mit mindestens zwei, besser jedoch drei, vier oder sechs Brennern (Gasgrills mit einem Brenner eignen sich nur für das direkte Grillen).

Gasgrills eignen sich gut für direkt und indirekt bzw. am Spieß gegrillte Ribs. Eine Räucherbox mit eigenem Brenner ist zwar nett, wirklich gutes Raucharoma erzielen Sie damit aber nicht (siehe S. 44).

Worauf sollte man beim Kauf eines Gasgrills achten?

- mindestens zwei, besser drei oder vier Brenner
- Grillrost aus Gusseisen oder Edelstahl
- eingebautes Thermometer
- eingebaute Gasanzeige
- Drehspieß
- Arbeitsfläche an der Seite

Smoker

Smoker arbeiten bei niedrigerer Temperatur als Holzkohle- oder Gasgrills, meist bei 110–130 °C. Auf diese Weise können Sie authentische Barbecuerippchen zubereiten – langsam bei niedriger Temperatur gegart.

Wasser- oder Bullet-Smoker

Diese Smoker sehen ein bisschen wie der Droide R2-D2 aus Star Wars aus. Sie bestehen aus einem aufrecht stehenden Metallzylinder mit einer abgerundeten Basis, einem runden Deckel und einer Tür vorne. Die meisten Modelle haben eine Metallschüssel, die unter das Grillgut gestellt und mit Wasser oder einer anderen Flüssigkeit, z. B. Saft oder Wein, gefüllt wird. Dadurch bleiben die Ribs beim Smoken schön saftig, zudem bildet sie eine Barriere zwischen Glut und Fleisch. Traditionelle Modelle werden mit Holzkohle befeuert. Ein gutes Beispiel für diese Art Smoker ist Webers Smokey Mountain Cooker (liebevoll „The Bullet" genannt).

Bei der Verwendung eines Wassersmokers entzünden Sie zunächst die Kohlen in einem Anzündkamin. Sobald diese bereit sind, schütten Sie die Kohlen in die Feuerbox (den unteren Teil des Smokers – viele Wasser-Smoker besitzen einen perforierten Metallring zur Aufnahme der Kohlen). Darüber befindet sich die Räucherkammer, ein großer Metallzylinder. Nun stellen Sie die Wasserschüssel hinein, die Sie nach Belieben mit Flüssigkeit (oder Sand) füllen können (ich persönlich bevorzuge trocken gesmokte Ribs und füge deshalb für gewöhnlich kein Wasser hinzu). Darüber legen Sie den Grillrost, auf den Sie dann das Grillgut geben. Sobald der Smoker geschlossen wurde, stellen Sie die Lüftungsklappen oben und unten so ein, dass die gewünschte Temperatur entsteht. Durch eine Metalltür in der Räucherkammer können Sie eingeweichte Holzchips oder -Chunks hinzugeben (nehmen Sie dafür eine Grillzange mit langem Stiel).

Worauf sollte man beim Kauf eines Wassersmokers achten?

- Tür vorne in der Räucherkammer
- mehrere Roste, sodass Ribs und anderes Grillgut auf verschiedenen Ebenen gesmokt werden können

Offset- oder Barrel-Smoker

Die Heimversion der riesigen Geräte, die bei Grill-Wettbewerben und von professionellen Pitmastern verwendet werden, besteht aus zwei Teilen: einem horizontalen Fass (Barrel), das als Räucherkammer dient, sowie einer separaten Feuerbox, die etwas tiefer an einer Seite der Räucherkammer angeschweißt ist. Dank dieses Designs kommt das Fleisch nicht direkt mit dem Feuer in Kontakt und wird ganz langsam vom aromatischen Holzrauch gegart. Einige Hersteller bauen auch Offset-Smoker, bei denen Räucherkammer und Feuerbox rechteckig sind.

Bei der Verwendung eines Offset-Smokers zünden Sie die Kohlen zunächst in einem Anzündkamin an und geben sie dann in die Feuerbox. Dann legen Sie die Rippchen in die Räucherkammer und geben die gewünschte Menge eingeweichte Chunks oder Chips auf die glühenden Kohlen. Die Temperatur wird über das Öffnen und Schließen der Abzüge geregelt. Einige Modelle haben ein Hitzeleitblech am Boden der Räucherkammer, damit sich die Hitze gleichmäßiger verteilt.

Worauf sollte man beim Kauf eines Offset-Smokers achten?

- stabile, dickwandige Konstruktion (mindestens 6 mm)
- eingebautes Thermometer
- Abflussrohr und Eimer zum Auffangen des austretenden Fettes

Fass-Smoker (Drum Smoker)

Stellen Sie sich ein großes Metallfass vor, das auf der Seite liegt. Vorne oder oben wurde eine Tür hineingeschnitten und an einer Seite wurde ein Schornstein angeschweißt. Das ist ein Fass-Smoker. Mit ein bisschen handwerklichem Geschick kann man ihn selbst bauen. Fass-Smoker eignen sich nicht nur gut zum Smoken von Rippchen, sondern auch zum direkten und indirekten Grillen. Sie werden deshalb gern in Geschäften für Grillausrüstung oder Baumärkten verkauft.

Zur Verwendung schütten Sie die glühenden Kohlen in ein oder beide Enden des Fasses und geben eingeweichte Holzchips darüber. Das Fleisch garen sie nun entweder am kohlefreien Ende des Fasses oder zwischen den beiden Kohlehaufen (so ähnlich wie beim indirekten Grillen).

Eine interessante Variante des Fass-Smokers ist der BDS (Big Drum Smoker), eine senkrechte Version, die von Rocky Richmond hergestellt wird. Kohlen und Holz kommen unten in das Fass, sodass das Gerät ähnlich arbeitet wie ein Wasser-Smoker. Als UDS (Ugly Drum Smoker) lässt sich solche eine Konstruktion auch aus einem Fass bauen.

Worauf sollte man beim Kauf eines Fass-Smokers achten?

- stabile Konstruktion mit robusten Beinen
- verstellbare Abzüge am Boden, der Seite und dem Schornstein
- schwerer Rost aus Gusseisen oder Edelstahl

Pellet-Smoker

Pellet-Smoker sehen aus wie waagerechte Fass-Smoker oder Standgrills. Sie nutzen jedoch Hartholzpellets als Hitze- und Rauchquelle. Durch ein Schneckengetriebe im Inneren werden Holzpellets in die Feuerbox transportiert (John Williams, mehrfacher Sieger des *Memphis in May-Wettbewerb*s verwendet z. B. einen Pellet-Smoker). Ein guter Hersteller ist Traeger.

Rotisserie-Grill

Die indirekte Hitze beim Grillen auf dem Drehspieß eignet sich hervorragend um Fett abschmelzen zu lassen, während das Fleisch durch die sanfte Drehbewegung im eigenen Saft „gebadet" wird. Die meisten Gasgrills haben Drehspieße; die exklusiveren sogar mit eigenen Infrarotbrennern an der Rückwand. Falls Sie einen Holzkohlegrill besitzen, können Sie dafür einen Rotisserieaufsatz kaufen. Das ist ein Metallring mit Löchern für einen motorbetriebenen Spieß, den man auf den Grill setzt. Bei den Rezepten für Rotisserie-Ribs auf den S. 104, 108, 168 und 198 finden Sie auch Anweisungen, wie man Rippchen richtig auf einen Spieß aufzieht.

Worauf sollte man beim Kauf eines Rotisserieaufsatzes achten?

- Spieß aus Edelstahl mit festen Zinken
- Hochbelastbarer Motor

WERKZEUGE UND ZUBEHÖR

Einige Geräte sind unerlässlich, andere sehen einfach cool aus, aber alle sind beim Zubereiten guter Rippchen hilfreich. Hier sind die Fakten:

Werkzeuge zum Vorbereiten der Ribs

Backblech mit erhöhten Seiten Gut zum Platzieren der Rippchen, während Sie die Silberhaut abziehen und das Fleisch würzen. Dank der erhöhten Seiten verteilen sich die Gewürze nicht im ganzen Raum.

Große, feste, wiederverschließbare Plastikbeutel In diesen Zip-Lock-Beuteln lassen sich Rippchen wunderbar während des Marinierens aufbewahren.

Mörser und Stößel Mörser und Stößel werden von Pitmastern von Mexico City bis Manila zum Zerstoßen von Knoblauch, Chilis, Kräutern und Gewürzen verwendet, sodass daraus aromatische Gewürzpasten oder Wet-Rubs entstehen. Auf diese Weise erzielen Sie ein völlig anderes, viel intensiveres Aroma – verglichen mit dem Einsatz eines Standmixers. Natürlich funktioniert es auch mit dem Standmixer, wenn es einmal schnell gehen muss.

Gewürzmühle Eine gute Gewürzmühle ist unerlässlich zum Zerkleinern von Gewürzen. Frisch gemahlene Gewürze haben ein viel intensiveres Aroma als bereits gemahlene aus dem Supermarkt.

Werkzeuge zum Einrichten des Grills

Tropfschalen aus Aluminium Wer ein echter Rib-Master sein will, kann auf Einwegtropfschalen aus Aluminium nicht verzichten. Zum einen fangen sie heruntertropfendes Fett auf, zum anderen definieren sie auch wunderbar den Bereich für das indirekte Grillen. Stellen Sie auch beim Grillen am Drehspieß eine Tropfschale unter die Rippchen. Zu guter Letzt eignen sich Tropfschalen auch dafür, Rippchen beim Würzen oder Einpinseln abzulegen. Ich kaufe sie immer gleich kistenweise – man kann nie genug davon haben.

Anzündkamin Der Anzündkamin ist die einfachste Methode, Holzkohle anzuzünden und besteht aus einem senkrechten Metallzylinder oder -kasten mit einer Unterteilung aus Draht oder perforiertem Metall darin. In den oberen Teil legen Sie die Kohlen. Im unteren Teil zünden Sie ein Stück zerknülltes Papier oder einen Grillanzünder an. In 15–20 Minuten sind die Kohlen perfekt durchgeglüht.

Einweichbox selbst gebaut Stechen Sie mit einem scharfen Objekt, z. B. dem spitzen Ende Ihres Fleischthermometers, etwa ein Dutzend kleine Löcher in eine Tropfschale aus Alufolie. Füllen Sie die Schale mit Holzchips und stellen Sie diese dann in eine zweite Schale. Nun geben Sie Wasser hinein. Sobald die Chips genug Wasser aufgenommen haben, heben Sie einfach die erste Schale heraus und lassen das überschüssige Wasser ablaufen.

Grillbürste Eine gute Grillbürste ist für die zweite der drei Regeln für das direkte Grillen (siehe S. 36) unerlässlich: Halte den Grill sauber. Bevor Sie die Ribs – oder ein anderes Grillgut – auf den Rost legen, müssen Sie diesen zunächst mit einer robusten Grillbürste aus Draht mit langem Stiel (damit Sie der Hitze nicht zu nahe kommen) abbürsten. Die Drahtborsten entfernen angebrannte Fleischreste. Zudem verringern Sie so die Möglichkeit, dass Ihr Fleisch am Rost festklebt. Stattdessen bekommt es ein erstklassiges Branding.

Werkzeuge zum Zubereiten der Ribs

Barbecue-Mopp und Mopp-Gefäß Barbecue-Mopps eignen sich hervorragend zum Auftragen von Mopp-Saucen (dünne, aromatische Saucen, die während der Garzeit auf das Fleisch aufgetragen werden, damit es saftig bleibt). Sie sehen wie Miniausgaben des klassischen Putzmopps aus. Bei einigen Modellen gibt es gleich das passende Eimerchen dazu. Mit einem Pinsel sind aber ähnliche Resultate zu erzielen.

Grillzange Die Grillzange ist das wichtigste Werkzeug, mit dem Sie die Rippchen handhaben können, ohne dabei das Fleisch zu verletzen. Kaufen Sie das längste Modell, das Sie finden können, am besten aus gewalztem Stahl mit guter Federung.

Grill-Licht oder Taschenlampe Der beste Pitmaster ist ein gut informierter Pitmaster – einer, der jederzeit sehen kann, was in seinem Grill oder Smoker vor sich geht. Barbecues werden oft im Dunkeln veranstaltet. Das Grill-Licht können Sie direkt am Grill oder Smoker festklemmen, sodass Sie sehen, wenn das Fleisch gar ist. Eine Taschenlampe eignet sich gut für den Blick in den Smoker. Es gibt sogar Grillzangen mit Lichtaufsatz.

Digitales Fleischthermometer Die meisten Pitmaster können den Gargrad ihrer Rippchen danach beurteilen, wie sie aussehen, sich anfühlen und wie sehr das Fleisch geschrumpft ist. Nichtsdestotrotz können Sie natürlich ein Fleischthermometer verwenden auf dem sich die Temperatur mit einem Blick ablesen lässt. Im Zweifelsfall ist etwas Vorsicht immer vorteilhaft. Stechen Sie die Sonde des Thermometers am Knochenende der Ribs, parallel zum Knochen, in das Fleisch (der Knochen darf dabei nicht berührt werden, da er Hitze leitet und die Werte verfälscht). So erhalten Sie die exakte Kerntemperatur.

Sprühflasche Damit das Fleisch immer schön feucht bleibt und noch aromatischer wird, können Sie es einsprühen, z. B. mit Wein, Bier, Apfelsaft, Cola oder einer anderen aromatischen Flüssigkeit. Ideal geeignet ist dafür eine saubere Sprühflasche. Verwenden Sie die Flasche aber nicht für dickflüssige Saucen, Saucen auf Ölbasis oder Saucen mit größeren Kräuterstücken, da sonst der Sprühmechanismus verstopfen kann.

Robuste Grillhandschuhe aus Leder oder Wildleder Überlassen Sie die Ofenhandschuhe bloß den Köchen in der Küche! Leder- bzw. Wildlederhandschuhe schützen Ihre Hände perfekt, wenn Sie mit dem Anzündkamin, dem heißen Grillrost, Rib Racks usw. hantieren. Achtung: Kaufen Sie Handschuhe mit langen Stulpen. Diese sind zwar teurer, aber Ihre Unterarme werden es ihnen schon bald danken!

Rib Rack Ein Gerät aus Draht oder Metall, in das man Rippenleitern aufrecht hineinstellt. Auf diese Weise passen vier Rippenleitern auf einen Grill, der sonst nur zwei fassen würde. Achten Sie auf eine solide Konstruktion aus rostfreiem Metall. Zudem sollte das Rack lang genug sein, um Baby Back Ribs mit elf Knochen aufzunehmen und breit genug, damit auch dicke Spareribs und Beef Back Ribs hineinpassen.

HOT MAMAS
PREMIUM QUALITY SAUCES
N°2
MEDIUM HOT
BARBECUE
HORNY MAMA
SCHÖN SCHARF
FÜR ANFÄNGER
REMOTE TRANSMITTER
REDI-CHEK
REMOTE RECEIVER
Painmaker
XXX
Kentucky

BABY BACK RIBS VOM SCHWEIN

Baby Back Ribs sind die beliebtesten Rippchen in den USA – und sie haben eine wirklich bemerkenswerte Erfolgsgeschichte. Als ich noch ein Kind war, konnte unser Metzger die Ribs kaum loswerden. Heute haben sie einen Ehrenplatz in der Fleischauslage und kosten viel Geld. Der Grund für diese Entwicklung ist einfach: Baby Back Ribs sind aromatisch, zart, gut durchwachsen und lassen sich schnell und einfach zubereiten. Man kann sie mit jeder Grillmethode garen. Mit meinem ersten Rezept wende ich mich an die Novizen unter Ihnen – es sind narrensichere Einsteiger-Ribs. Später folgen dann süß-scharfe Baby Back Ribs aus Thailand, Red-Eye-Ribs mit einer Kaffeesauce und sogar Mint-Julep-Ribs mit einer Bourbon-Mint-Barbecuesauce. Dabei lernen Sie das indirekte und direkte Grillen, das schnelle und langsame Smoken und auch, wie man außerordentlich saftige Ribs am Drehspieß zubereitet. Schon bald essen Sie wie ein König.

FARM FRESH PORK
PREMIUM QUALITY

Dieses narrensichere Rezept sorgt jedes Mal für Ribs in Wettbewerbsqualität

EINSTEIGER-RIBS

Methode: erst indirektes, dann direktes Grillen
Weitere Vorbereitung: keine
Portionen: 4

Für die Mopp-Sauce
3 EL ungesalzene Butter
250 ml naturtrüber Apfelsaft
3 EL Bourbon oder weitere 3 EL Apfelsaft
3 EL Sojasauce

Für den Rub und die Ribs
2 EL grobes Salz (Meersalz oder koscheres Salz)
2 EL brauner Zucker
2 EL edelsüßes Paprikapulver
1 EL schwarzer Pfeffer, frisch gemahlen
2 TL Senfpulver (am besten Colman's)
2 TL Knoblauchpulver
½ TL Selleriesamen
2 Leitern Baby Back Ribs vom Schwein (2–2 ½ kg)
Barbecuesauce mit Zitrone und braunem Zucker (Rezept folgt) oder eine Barbecuesauce nach Wahl

Sie benötigen weiterhin
1 ½ Tassen Holzchips oder -Chunks (am besten Hickory oder Apfel), 1 Stunde eingeweicht und dann abgetropft
Barbecue-Mopp

Es gibt bestimmte Gerichte, die jeder Grillmaster im Schlaf beherrschen sollte – ein perfektes Steak, Bierdosen-Hühnchen, Fisch, den man tatsächlich in einem Stück vom Rost heben kann, aber vor allem muss er wissen, wie man Rippchen zubereitet. Ribs verkörpern das Ur-Barbecue, das elementare Kultgericht, und wenn Sie nur ein Gericht wirklich beherrschen wollen, dann müssen es Ribs sein.

Was macht perfekte Ribs aus? Sie sollten schön dunkel aussehen, wie poliertes Mahagoni, mit einer rauen Oberfläche ähnlich der Borke eines uralten Baumes. Das Fleisch selbst muss so zart sein, dass man die Knochen mit den Fingern herausziehen kann, aber nicht so weich, dass es vom Knochen abfällt (es muss noch „Biss" haben, dafür haben Sie schließlich Zähne). Das Fleisch sollte aromatisch nach Gewürzen und Rauch duften, davon aber nicht überdeckt werden. Ja, Sie sollen die Schärfe von Pfeffer und Senf spüren, aber auch die Süße von braunem Zucker und Melasse. Trotz alledem müssen die Rippchen aber immer noch nach Schweinefleisch schmecken. Wenn Sie sich Ihre perfekten Ribs auch so vorstellen (das sollten Sie), dann folgt hier das Rezept für Sie. Sie werden alle Grundlagen kennenlernen – wie man Ribs von der Silberhaut befreit, rubbt, moppt, mit Barbecuesauce glaced und sich, nicht zuletzt, die Macht des Holzrauches zu eigen macht. Im Grunde ist es aber ganz simpel. Von Anfang bis Ende benötigen Sie ca. 1 ½ Stunden, wovon nur 10 Minuten wirklich Arbeit sind.

Tipp!

Bei diesem Rezept wird das Fleisch indirekt gegrillt und mit Holzrauch veredelt, aber nicht gesmokt. Dafür gibt es zwei Gründe: Erstens besitzen mehr Leute einen Grill als einen Smoker, zweitens bevorzuge ich bei Baby Back Ribs die größere Hitze des Grills (180 °C) statt der sanfteren Hitze des Smokers (120 °C). Dadurch schmilzt das Fett besser, das Fleisch wird knusprig und die Ribs bekommen eine interessante Konsistenz. Natürlich gibt es unzählige Pitmaster der alten Schule, die mir hier widersprechen werden (ihr Mantra ist „low and slow"). Falls Sie dazu gehören, können Sie die Ribs auch im Smoker zubereiten (siehe Anweisungen S. 58).

1 Zubereitung der Mopp-Sauce: Die Butter bei mittlerer Hitze in einem Topf schmelzen. Den Apfelsaft, den Bourbon und die Sojasauce unterrühren. Bis zur Verwendung warm halten.

2 Zubereitung des Rubs: Das Salz, den braunen Zucker, das Paprikapulver, den Pfeffer, das Senfpulver, das Knoblauchpulver und die Selleriesamen in eine kleine Schüssel geben und mit den Fingern sorgfältig mischen, sodass keine Klumpen zu sehen sind.

3 Vorbereitung der Ribs: Die Rippenleitern mit dem Fleisch nach unten auf ein Backblech legen. Das dünne, papierartige Häutchen auf der Knochenseite entfernen. Dazu ein dünnes Messer oder z. B. die Spitze des Fleischthermometers darunter schieben, um es zu lockern. Der beste Ausgangspunkt ist der Mittelknochen. Das Häutchen mit einem Küchenpapier oder einer breiten Pinzette festhalten und abziehen. Mit der anderen Leiter ebenso verfahren.

4 Zum Servieren 1 EL Rub beiseitestellen. Die Ribs auf beiden Seiten mit dem restlichen Rub bestreuen und sorgfältig einreiben. Das Fleisch nun in Frischhaltefolie einwickeln und kaltstellen, während der Grill eingerichtet wird.

5 Den Grill für indirektes Grillen einrichten (siehe S. 41). Auf mittlere Hitze (160–180 °C) vorheizen. In die Mitte des Grills unter den Rost eine Tropfschale stellen (Hinweise zum Smoken auf einem Gasgrill finden Sie auf S. 36).

6 Wenn alles bereit ist, den heißen Rost abbürsten und einölen. Die Ribs mit der Knochenseite nach unten in die Mitte des Rostes über die Tropfschale legen (ist der Grill klein, ggf. ein Rib Rack benutzen, siehe S. 52). Bei einem Holzkohlegrill jeweils die Hälfte der Holzchips auf jeden Kohlehaufen geben. Den Grill schließen und die Rippchen 45 Minuten garen.

7 Die Rippchen auf beiden Seiten mit der Mopp-Sauce bepinseln, den Grill wieder schließen und das Fleisch weiter garen, bis die Ribs schön braun, durchgegart und zart genug sind, um sie mit den Fingern zerteilen zu können. Das dauert weitere 45 Minuten bis 1 Stunde (Garzeit insgesamt 1 ¼–1 ½ Stunden). Wenn die Ribs gar sind, hat sich das Fleisch ca. 6 mm vom Knochenende zurückgezogen. Die Rippchen alle 15 Minuten moppen und nach Bedarf Kohlen nachlegen.

8 Unmittelbar vor dem Servieren die Ribs auf beiden Seiten mit der Barbecuesauce bestreichen und direkt über die Glut legen. Auf jeder Seite 1–3 Minuten grillen, bis die Sauce gebräunt ist und anfängt zu kochen.

9 Die Ribs auf einen großen Teller oder ein Schneidebrett legen, einige Minuten ruhen lassen und halbieren oder in einzelne Rippen zerteilen. Ein wenig von dem beiseitegestellten Rub darüber streuen und sofort mit der restlichen Barbecuesauce servieren.

Variation

Zubereitung der Einsteiger-Ribs im Smoker:
Den Smoker nach Herstellerangaben vorbereiten und auf 110–120 °C vorheizen (weitere Hinweise zu Smokern auf S. 48). Die Ribs mit der Knochenseite nach unten hineinlegen und 4–5 Stunden garen. Nach 1 Stunde mit dem Moppen beginnen und dies stündlich wiederholen. ½ Stunde vor Ende der Garzeit die Rippchen mit der Barbecuesauce bestreichen. Nach der ersten und zweiten Stunde Holzchips nachlegen und die Kohlen nach Bedarf auffüllen.

BARBECUESAUCE MIT ZITRONE UND BRAUNEM ZUCKER

Wenn Sie süße, rauchige Barbecuesauce mögen, wie man sie in Kansas City bevorzugt, werden Sie diese Sauce lieben. Zitronenzesten und -saft sorgen für eine leichte Säure, welche die Süße von Melasse und braunem Zucker perfekt ausgleicht. Gäbe es nicht noch so viele andere köstliche Saucen in diesem Buch, würde ich sagen, dieser sanfte, süße, zitronige Genuss ist die einzige Barbecuesauce, die Sie jemals brauchen werden.

Ergibt ca. 750 ml

500 ml Ketchup
6 EL brauner Zucker
1 TL Zitronenzesten
6 EL (oder mehr) Zitronensaft, frisch gepresst
2 EL Melasse
1 EL Worcestershiresauce
1 ½ TL Flüssigrauch
2 TL Senfpulver (am besten Colman's)
1 TL Zwiebelpulver
½ TL schwarzer Pfeffer, frisch gemahlen

1 Den Ketchup, den braunen Zucker, die Zitronenzesten und den -saft, die Melasse, die Worcestershiresauce, den Flüssigrauch, das Senfpulver, das Zwiebelpulver und den Pfeffer in einem nicht reaktiven Topf sorgfältig mischen.

2 Bei mittlerer Hitze langsam aufkochen und anschließend 8–10 Minuten köcheln lassen, bis die Sauce dick und aromatisch ist. Nach Geschmack weiteren Zitronensaft hinzugeben. Die Sauce in ein sauberes Schraubglas geben, auf Raumtemperatur abkühlen lassen und anschließend kaltstellen. Im Kühlschrank hält sich die Sauce mehrere Wochen. Vor dem Servieren auf Raumtemperatur bringen.

Tipp!

Die Schale einer Zitrusfrucht steckt voller aromatischer Öle. Am leichtesten lässt sie sich mit der feinen Seite einer Kastenreibe abreiben. Darauf achten, dass nichts von der bitteren weißen Haut abgerieben wird.

DIE GROSSE RIPPCHENDEBATTE

Für viele von uns ist Barbecue eine Art Religion, besonders, wenn es um Ribs geht. Wie bei allen Religionen gibt es auch hier theologische Diskussionen. So wie früher Theologen darüber stritten, wie viele Engel auf der Spitze einer Nadel tanzen können, streiten Pitmaster heute darum, was „heiliger" ist: Spareribs oder Baby Back Ribs, Dry- oder Wet-Rubs, Smoken oder Grillen usw. Wirft man dazu noch die Fragen in den Raum, ob man Ribs kochen sollte oder nicht, ob man besser Holzkohle oder Gas verwendet – schon hat man genug Zunder für eine feurige Sonntagspredigt! Ich führe hier lediglich die Argumente auf. Sie haben dann ausreichend Zeit, sich über Details zu streiten, während die Rippchen garen.

Gesmokt oder gegrillt?

Stellen Sie diese Fragen einem Barbecueteam, das am *Memphis in May* oder dem *Kansas City American Royal Festival* teilnimmt, lautet die Antwort mit nahezu absoluter Sicherheit gesmokt, und zwar low and slow, in aromatischem Holzrauch. Wie niedrig sollte die Temperatur sein? 110–130 °C, wobei die meisten Profis mit 120 °C arbeiten. Wie langsam sollte das Smoken vonstattengehen? Spareribs brauchen bei dieser Temperatur 5–6 Stunden zum Garen. Die Low-and-Slow-Methode produziert außerordentlich zarte Ribs mit Fleisch, das beinahe vom Knochen fällt, aber dennoch eine saftige, reichhaltige, kompakte Konsistenz hat. Kurz gesagt, es sind Ribs wie aus dem Lehrbuch.

Wenn Sie einmal in der Stadt sind, sollten Sie Memphis' bekanntestes Ribs-Restaurant besuchen, das *Rendezvous*. Hier, im Herzen der Südstaaten, bekommen sie völlig andere Rippchen serviert: so schnell wie möglich – nicht länger als 20–30 Minuten pro Seite – direkt über den Kohlen gegrillt. Gegrillte Ribs sind scharf angebraten und knusprig, aber nicht besonders rauchig. Sie schmecken intensiv nach Schweinefleisch und haben eine wunderbar „bissfeste" Konsistenz, die sie zu einem wahren Vergnügen machen. Sie sind weder besser noch schlechter, sondern einfach anders.

Wollen Sie noch zusätzlich Öl ins Feuer gießen, bringen Sie in der Debatte die Vorzüge des Räuchergrillens, des Grillens am Drehspieß und des Schmorens auf dem Grill ins Spiel.

Kohle oder Gas?

Bei Kohle haben Sie das Vergnügen „echten" Feuers; zudem ist das Smoken sehr viel einfacher. Gasgrills sind dafür in der Einrichtung viel praktischer, lassen sich auf Knopfdruck entzünden und eignen sich großartig für rauchfreie Garmethoden. Echte Traditionalisten verwenden jedoch weder Kohle noch Gas sondern schwören auf Holz.

Baby Back Ribs oder Spareribs?

Umfragen zufolge sind Baby Back Ribs (auch Kotelettrippchen genannt) des Publikums erste Wahl. Sie sind zart, großzügig durchwachsen und haben eine schöne rechteckige Form, d. h., sie sind von oben bis unten nahezu gleich breit, wodurch sie sehr gleichmäßig garen. Ganz egal, welches Ende Sie erhalten, die Ribs sind immer zart und fleischig. Spareribs sind größer, fetter und zäher als Baby Back Ribs, haben dafür aber einen intensiveren Fleischgeschmack. Letztendlich sind beide Sorten fantastisch (eine vollständige Beschreibung von Schweinerippchen finden Sie ab S. 17).

„Trocken" oder „feucht"?

Die meisten Ribs werden vor dem Zubereiten mit einem Rub oder wenigstens Salz und Pfeffer gewürzt. Hier dreht sich die Debatte jedoch um die Frage, ob man das Fleisch während des Garprozesses und kurz vor dem Servieren mit Barbecuesauce bestreichen soll, oder ob man sie „trocken“ gart und serviert und ggf. Sauce dazu reicht. Beim trockenen Stil wird am Ende anstatt Sauce meist noch einmal etwas von der Gewürzmischung auf die Rippchen gestreut. Vorreiter dieses Stils war das *Rendezvous* in Memphis. Auch in Texas ist diese Art Ribs beliebt – und natürlich bei Pitmastern die es bevorzugen, sich bei ihren Ribs auf Rauch und Feuer zu konzentrieren, nicht auf Sauce. Feuchte Rippchen gibt es vor allem tief im Süden der USA sowie in Kansas City. In meinem Tempel ist auf dem Altar Platz für beide Versionen.

Kochen oder nicht kochen?

Ok, bei dieser Frage fällt es mir sehr schwer, unparteiisch zu bleiben. Ich bin der festen Überzeugung, das Fleisch sollte durch langes, langsames Grillen oder Smoken bei niedriger Temperatur seine Zartheit bekommen. Zahlreiche Rippchenfans, sowohl Profis als auch Amateure, kochen ihre Ribs jedoch vor dem Grillen oder Smoken. Das Fett soll dadurch ausgekocht und das Fleisch zarter werden. Nun, gegen Erfolg kann ich nichts sagen und wenn Sie ein tolles Rezept haben, bei dem die Ribs vorher gekocht werden, dann bleiben Sie dabei.

Sollte das Fleisch wirklich fast vom Knochen fallen?

Auch hier bin ich nicht ganz unvoreingenommen, denn meiner Ansicht nach sollte Fleisch noch etwas „Biss“ haben. Einige Pitmaster haben ihre Multimillionen-Dollar-Imperien aber erfolgreich auf schmelzend zarten Rippchen begründet. Mit den Rezepten in diesem Buch produzieren Sie Rippchen, die immer ein bisschen fester sind. Ich bitte Sie, probieren Sie es einfach einmal aus, auch wenn Sie eigentlich der anderen Schule angehören.

Die Original Memphis Dry-Rub-Ribs

RENDEZVOUS-RIBS

- 4 EL edelsüßes Paprikapulver
- 2 EL Chilipulver
- 1 EL Knoblauchpulver
- 1 EL getrockneter Oregano (am besten griechischer)
- 1 EL grobes Salz (Meersalz oder koscheres Salz)
- 2 TL schwarzer Pfeffer, frisch gemahlen
- 2 TL Senfkörner
- 1 TL Selleriesamen
- 250 ml Branntweinessig
- 2 Leitern Baby Back Ribs vom Schwein (2–2 ½ kg)
- Memphis Mustard Slaw (Rezept folgt)

Methode: erst indirektes, dann direktes Grillen
Weitere Vorbereitung: keine
Portionen: 4

Lassen Sie uns eines klarstellen: Charlie Vergos hatte sich nicht vorgenommen Dry-Rub-Ribs zu erfinden. Tatsächlich wollte der Gründer des legendären *Rendezvous* gar keine Ribs servieren. Und Barbecue hat er das Zeug auch nicht genannt. Dies sind nur drei der Paradoxa, die den berühmtesten „Barbecue"-Schuppen in Memphis und die Erfindung eines der klassischsten amerikanischen Rippchengerichte, Dry-Rub-Baby-Back-Ribs, umgeben. Charlie verkaufte eigentlich Sandwiches und bis er zufällig von einem Handelsvertreter eine Kiste Baby Back Ribs geschenkt bekam, hatte er noch nie Ribs zubereitet. Das war in den 1950er-Jahren, als Rippchen pro Pfund kaum mehr kosteten, als die Kisten, in denen sie verkauft wurden. Braver griechisch-amerikanischer Bürger der er war, würzte Charlie die Rippchen mit Salz, Pfeffer, Oregano und Knoblauch und grillte sie über Holzkohle. „Schmeckt klasse, sieht aber scheußlich aus", meinte der Handelsvertreter und belehrte Vergos, dass richtiges Barbecue rot sein müsse. Also brachte Charlie seine Gewürzmischung mit Chilipulver und Paprika zum Erröten – und der Rest ist Geschichte.

Die Rendezvous-Ribs widersetzen sich der Tradition des klassischen amerikanischen Barbecues in mehrerer Hinsicht. Sie werden gegrillt, nicht gesmokt, über Kohle gegart, nicht über Holz, und die Gewürzmischung (die

Tipp!

Die Vergos-Familie hat sehr genaue Vorstellungen über den richtigen Brennstoff (Royal Oak Holzkohle), die Gartemperatur (160–180 °C) und sogar den Abstand zwischen den Rippchen und den Kohlen (45 cm). Das resultiert in einer Methode, die ich modifiziertes direktes Grillen nenne (die ganze Definition finden Sie auf S. 30). Die Ribs werden über der Glut gegart, wie beim klassischen direkten Grillen, sind aber weit genug davon entfernt, dass sie nicht verbrennen und es nicht zum Aufflammen der Glut kommen kann. Diese Methode können Sie ausprobieren, wenn Sie einen Grill haben, bei dem man den Rost hoch über die Glut hängen kann. Das geht z. B. im Big Green Egg oder anderen Keramikgrills, Schwenkgrills und auch bei vielen Grills, die mit Holz befeuert werden (siehe S. 65 für die Zubereitung im Kamado).

von den Eigentümern niemals Rub genannt wird) wird erst aufgetragen, wenn die Ribs vollständig gegart sind. Bis heute besteht Familie Vergos darauf, ihr Produkt nicht als Barbecue zu bezeichnen. Auf der Markise und auch der Speisekarte des Restaurants steht: Die Spezialität des Hauses sind über Holzkohle gegrillte Ribs. Solche feinen Unterschiede scheinen den geschätzt 3.500 Gästen, die sich an einem typischen Abend in den Speisesaal im Keller drängen, aber vollkommen egal.

Dies ist meine Interpretation des *Rendezvous* „Rubs" sowie der Ribs. Sie erhalten mehr Gewürzmischung als Sie für zwei Rippenleitern benötigen, aber in einem Schraubglas kühl und trocken aufbewahrt hält sich die Mischung und eignet sich auch prima für alle möglichen anderen Fleischsorten, von Hühnchen über Lamm bis zu Steak.

1 Das Paprikapulver, das Chilipulver, das Knoblauchpulver, den Oregano, das Salz, den Pfeffer, die Senfkörner und die Selleriesamen in eine kleine Schüssel geben und mit den Fingern sorgfältig mischen, sodass keine Klumpen zu sehen sind. Anschließend beiseitestellen.

2 Den Essig in eine Schüssel geben, 2 EL Gewürzmischung sowie 250 ml Wasser dazugeben und alles verrühren, bis sich das Salz aufgelöst hat. Die Mopp-Sauce beiseitestellen.

3 Vorbereitung der Ribs: Die Rippenleitern mit dem Fleisch nach unten auf ein Backblech legen. Das dünne, papierartige Häutchen auf der Knochenseite entfernen. Dazu ein dünnes Messer oder z. B. die Spitze des Fleischthermometers darunter schieben, um es zu lockern. Der beste Ausgangspunkt ist der Mittelknochen. Das Häutchen mit einem Küchenpapier oder einer breiten Pinzette festhalten und abziehen. Mit der anderen Leiter ebenso verfahren.

Tipp!

Fettes Fleisch, wie Ribs, direkt über der Glut zu grillen, ist bei einem gewöhnlichen Holzkohlegrill ein bisschen knifflig. Am besten beginnen Sie deshalb mit der indirekten Methode und legen das Fleisch erst kurz vor Schluss direkt über die Glut, so wie wir es auch hier machen. Da wir keinen Rauch benötigen, können Sie für dieses Rezept auch einen Gasgrill verwenden.

4 Den Grill für indirektes Grillen einrichten (siehe S. 41). Auf mittlere Hitze (160–180 °C) vorheizen. In die Mitte des Grills unter den Rost eine Tropfschale stellen.

5 Wenn alles bereit ist, den heißen Rost abbürsten und einölen. Die Ribs mit der Knochenseite nach unten in die Mitte des Rostes über die Tropfschale legen (ist der Grill klein, ggf. ein Rib Rack benutzen, siehe S. 52). Den Grill schließen und die Rippchen 30 Minuten garen.

6 Die Rippchen auf beiden Seiten mit der Mopp-Sauce bepinseln, den Grill wieder schließen und das Fleisch weiter garen, bis die Ribs schön braun, durchgegart und zart genug sind, um sie mit den Fingern zerteilen zu können. Das dauert weitere 45 Minuten bis 1 Stunde (Garzeit insgesamt 1 ¼–1 ½ Stunden). Wenn die Ribs gar sind, hat sich das Fleisch ca. 6 mm vom Knochenende zurückgezogen. Nach einer weiteren Stunde die Rippchen noch einmal moppen und nach Bedarf Kohlen nachlegen.

7 Unmittelbar vor dem Servieren die Ribs direkt über der Glut platzieren. Auf jeder Seite 1–3 Minuten grillen, bis sie schön gebräunt sind und brutzeln.

8 Die Ribs auf einen großen Teller oder ein Schneidebrett legen, einige Minuten ruhen lassen und dann großzügig mit der restlichen Mopp-Sauce bestreichen. Die Rippenleitern halbieren oder in einzelne Rippen zerteilen und dick mit dem Rest der Gewürzmischung bestreuen. Sofort mit dem Mustard Slaw als Beilage servieren.

Variation

Zubereitung der Ribs in einem Kamadogrill:

Im unteren Bereich die Holzkohle entzünden und es herunterbrennen lassen, bis nur noch Glut übrig ist. Die Ribs mit der Knochenseite nach unten auf den Rost legen. Den Grill schließen und die Abzüge so einstellen, dass eine Temperatur von ca. 150 °C besteht. Das Fleisch auf jeder Seite 15–20 Minuten grillen, bis es zart und schön gebräunt ist. Den Grillprozess genau überwachen, damit die Ribs nicht verbrennen. Wird die Temperatur zu hoch, die Abzüge schließen. Das Fleisch bei jedem Wenden sowie zusätzlich unmittelbar vor dem Servieren moppen.

MEMPHIS MUSTARD SLAW

Ein wichtiger Bestandteil des Memphis Barbecues ist der Krautsalat (Slaw). Er wird jedoch weder auf Mayonnaisebasis wie im Nordosten der USA, noch auf Essigbasis wie in North Carolina zubereitet. Nein, in Memphis nimmt man dafür Senf, Gewürze und Essig, was einen perfekten Kontrast zum reichhaltigen Schweinefleisch liefert.

Ergibt ca. 3–4 Portionen

3 EL Dijonsenf
3 EL Zucker
3 EL (oder mehr) Branntweinessig
3 EL Pflanzenöl
1 EL scharfe Sauce im Louisiana-Stil (z. B. Tabascosauce)
grobes Salz (Meersalz oder koscheres Salz) und frisch gemahlener schwarzer Pfeffer
1 kleiner oder ½ großer Kopf Weißkohl, geputzt und in etwa 2 ½ cm große Stücke geschnitten
1 mittelgroße Karotte, geschält

1 Den Senf und den Zucker in einer Schüssel verrühren. Nach und nach den Essig, das Öl und die scharfe Sauce dazugeben. Mit Salz und Pfeffer abschmecken – die Salatsauce sollte kräftig gewürzt sein. Anschließend beiseitestellen.

2 Den Kohl in der Küchenmaschine in kurzen Stößen fein hacken; dies ist ein gehackter, kein geschredderter Krautsalat. Portionsweise verarbeiten, damit die Küchenmaschine nicht zu voll wird (wir wollen keinen Kohlbrei). Die Karotte fein reiben.

3 Den Kohl und die geriebene Karotte in die Salatsauce geben und sorgfältig mischen. Erneut abschmecken und ggf. mit Salz und/oder Essig nachwürzen. Der Slaw schmeckt frisch gemacht am besten, kann aber abgedeckt 1–2 Tage im Kühlschrank aufbewahrt werden. Vor dem Servieren noch einmal abschmecken und kräftig durchrühren.

Tipps!

Traditionell wird ein billiger Supermarktsenf verwendet, ich bevorzuge aber die salzige Würze des Dijonsenfs.

Der Kohl wird hier gehackt, nicht geschreddert. Verwenden Sie dafür eine Küchenmaschine mit einem Messereinsatz aus Metall.

BUFFALO-RIBS

Für den Rub und die Ribs:
2 TL grobes Salz (Meersalz oder koscheres Salz)
2 TL Zitronenpfeffer
2 TL Knoblauchpulver
2 TL Senfpulver
½ TL (oder mehr) Cayennepfeffer
2 Leitern Baby Back Ribs vom Schwein (2–2 ½ kg)
1–2 Zitronen, halbiert, die Kerne entfernt
scharfe Sauce im Louisiana-Stil (z. B. Tabascosauce), nach Geschmack

Für die Buttersauce:
8 EL gesalzene Butter
125 ml scharfe Sauce im Louisiana-Stil (z. B. Tabascosauce)

Zum Servieren:
Gorgonzola-Dip (Rezept folgt)
4 Selleriestangen

Sie benötigen weiterhin:
1 ½ Tassen Holzchips oder -Chunks (am besten Hickory), 1 Stunde eingeweicht und dann abgetropft

Tipp!

Es gibt zahlreiche scharfe Saucen, z. B. Tabasco (der Klassiker), Hot Mamas u.v.m.

Methode: indirektes Grillen
Weitere Vorbereitung: keine
Portionen: ca. 20 Rippchen; als Vorspeise für 4–6 Personen

Vor kurzem hat die Barbecuewelle auch Buffalo, New York, erreicht. Eines ist aber sicher: Die Einwohner sind immer noch von ihren Buffalo Wings (eine spezielle Variante von Chicken Wings) besessen. Buffalonians grillen alles, von Shrimps bis zu Jakobsmuscheln, und natürlich auch ihre Buffalo Wings. Einige von Ihnen kennen vielleicht meine „Buffa-que"-Hühnerflügel, die auf dem Grill gesmokt und nicht frittiert werden. „Buffalo" werden Chicken Wings schließlich erst durch das großzügige Bestreichen mit scharfer Sauce und Butter sowie den dazu gereichten Selleriestangen mit Blue-Cheese-Dip. Ich bin mir nicht sicher, ob schon einmal jemand Buffalo-Ribs kreiert hat, aber ich glaube, Sie werden merken, dass Schweinefleisch, Rauch und Feuer dem klassischen Geschmack aus Buffalo eine ganz neue Wendung geben.

1 Zubereitung des Rubs: Das Salz, den Zitronenpfeffer, das Knoblauchpulver, das Senfpulver und den Cayennepfeffer in eine kleine Schüssel geben und mit den Fingern sorgfältig mischen, sodass keine Klumpen zu sehen sind.

2 Vorbereitung der Ribs: Die Rippenleitern mit dem Fleisch nach unten auf ein Backblech legen. Das dünne, papierartige Häutchen auf der Knochenseite entfernen. Dazu ein dünnes Messer oder z. B. die Spitze des Fleischthermometers darunter schieben, um es zu lockern. Der beste Ausgangspunkt ist der Mittelknochen. Das Häutchen mit einem Küchenpapier oder einer breiten Pinzette festhalten und abziehen. Mit der anderen Leiter ebenso verfahren.

3 Den Rub auf dem Fleisch verteilen und auf beiden Seiten kräftig einreiben. Die Zitronen über dem Fleisch ausdrücken und den Saft mit einer Gabel verteilen. Die Ribs nun mit 1–2 TL scharfer Sauce beträufeln und das Ganze wieder mit der Gabel verteilen. Anschließend in Frischhaltefolie einwickeln und kaltstellen.

4 Zubereitung der Buttersauce: Die Butter bei mittlerer Hitze in einem kleinen Topf schmelzen. Die scharfe Sauce unterrühren und alles einmal aufkochen. Anschließend beiseitestellen.

Tipp!

Am besten schmecken Ribs wenn sie auf dem Holzkohlegrill räuchergegrillt werden. Sie können auch einen Gasgrill verwenden (siehe S. 44 Smoken auf dem Gasgrill), das Raucharoma ist dann aber weniger intensiv.

5 Den Gorgonzola-Dip zubereiten (siehe rechts), den gewaschenen Sellerie längs halbieren und jede Hälfte in ca. 8 cm lange Stücke schneiden. Aufrecht in ein Servierglas oder eine Schüssel stellen und mit dem Dip bis zum Servieren kaltstellen.

6 Den Grill für indirektes Grillen einrichten (siehe S. 41). Auf mittlere Hitze (160–180 °C) vorheizen. In die Mitte des Grills unter den Rost eine Tropfschale stellen (Hinweise zum Smoken auf einem Gasgrill finden Sie auf S. 44).

7 Wenn alles bereit ist, den heißen Rost abbürsten und einölen. Die Ribs mit der Knochenseite nach unten in die Mitte des Rostes über die Tropfschale legen (ist der Grill klein, ggf. ein Rib Rack benutzen, siehe S. 52). Bei einem Holzkohlegrill jeweils die Hälfte der Holzchips auf jeden Kohlehaufen geben. Den Grill schließen und die Rippchen garen, bis das Fleisch schön braun, durchgegart und zart genug ist, um es mit den Fingern zerteilen zu können. Das dauert insgesamt 1 ¼–1 ½ Stunden. Wenn die Ribs gar sind, hat sich das Fleisch ca. 6 mm vom Knochenende zurückgezogen. 45 Minuten nach Beginn des Garprozesses die Ribs leicht mit der Buttersauce (ggf. vorwärmen) bestreichen; ein Küchenpinsel eignet sich hier besser als ein Mopp. Bei einem Holzkohlegrill nach Bedarf Kohlen nachlegen.

8 Die Ribs auf ein Schneidebrett legen und einige Minuten ruhen lassen. Dann in einzelne Rippen teilen und in einer Schüssel oder auf einem Servierteller anrichten. Die restliche Buttersauce noch einmal aufkochen, über die Rippen gießen und alles gut mischen. Zusammen mit den Selleriestangen und dem Dip servieren. Denken Sie an Servietten!

Variation

Buffalo-Ribs im Smoker zubereiten:

Den Smoker nach Herstellerangaben vorbereiten und auf 110–120 °C vorheizen (weitere Hinweise zu Smokern auf S. 48). Die Ribs mit der Knochenseite nach unten hineinlegen und 4–5 Stunden garen. ½ Stunde vor Ende der Garzeit die Rippchen leicht mit der Buttersauce bestreichen. Nach der ersten und zweiten Stunde Holzchips nachlegen und die Kohlen nach Bedarf auffüllen.

GORGONZOLA-DIP

- 90 g Gorgonzola, Rinde entfernt und auf Raumtemperatur erwärmt
- 125 ml Mayonnaise
- 125 ml Sour Cream
- 1 EL Zitronensaft, frisch gepresst
- 1 große oder 2 kleine Frühlingszwiebeln, weißer Teil gewürfelt, grüner Teil fein gehackt
- grobes Salz (Meersalz oder koscheres Salz) und frisch gemahlener schwarzer Pfeffer

Der original Dip für Buffalo-Wings und Sellerie wird mit amerikanischem Blue Cheese (Blauschimmelkäse) hergestellt, ich bevorzuge aber die etwas feinere Variante mit italienischem Gorgonzola. Soll der Dip etwas kräftiger werden, probieren Sie doch einmal französischen Roquefort.

Ergibt ca. 250 ml

1 Den Käse in eine nicht reaktive Schüssel geben und mit einer Gabel zerdrücken. Nach und nach die Mayonnaise, die Sour Cream, den Zitronensaft und den weißen Teil der Frühlingszwiebel unterrühren. Mit Salz und Pfeffer abschmecken (Achtung, der Käse ist schon recht salzig).

2 Zum Servieren in eine kleine Schüssel geben und mit dem grünen Teil der Frühlingszwiebel bestreuen.

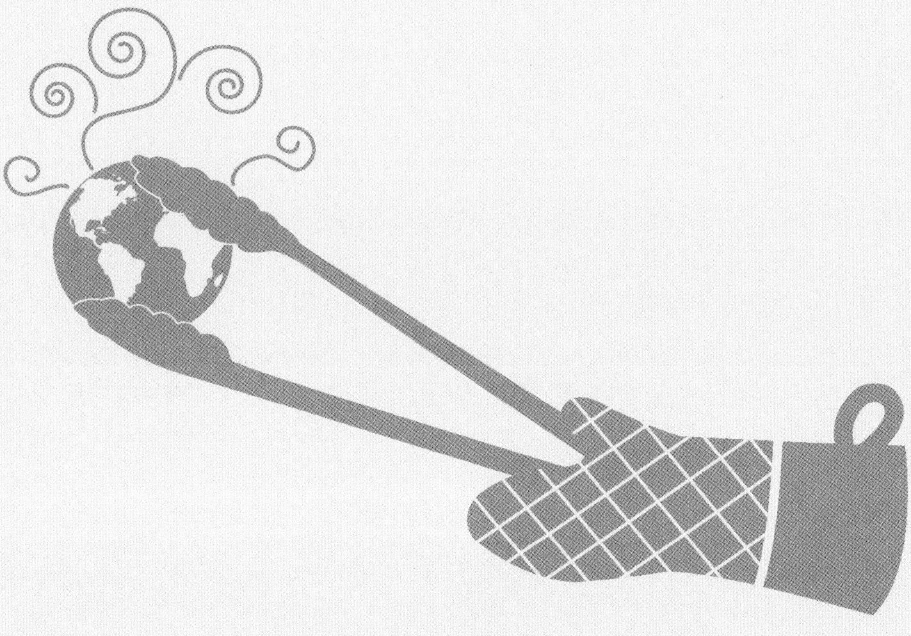

RIBS MIT AHORNSIRUP GEGLACED

Für den Rub und die Ribs:
- 2 EL Ahornzucker, Rohrohrzucker oder heller Rohrzucker
- 1 EL Senfpulver
- 2 TL grobes Salz (Meersalz oder koscheres Salz)
- 1 TL schwarzer Pfeffer, frisch gemahlen
- 1 TL getrockneter Salbei, gemahlen
- 2 Leitern Baby Back Ribs vom Schwein (2–2 ½ kg)

Für die Ahornsirup-Glace:
- 250 ml reiner Ahornsirup
- 3 EL Ketchup
- 2 EL Worcestershiresauce
- 1 EL Dijonsenf
- 1 EL Apfelessig
- 1 EL Meerrettichcreme
- 6 EL Ahornzucker oder Rohrohrzucker

Sie benötigen weiterhin:
- 1 ½ Tassen Holzchips oder -Chunks (optional, am besten Ahorn), 1 Stunde eingeweicht und dann abgetropft

Methode: indirektes Grillen
Weitere Vorbereitung: keine
Portionen: 4

Wenn Sie glauben, die Menschen in den USA seien verrückt nach Barbecue, sollten Sie einmal nach Quebec fahren. Als ich zur Veröffentlichung der französischen Ausgabe von *How to Grill* unsere nördlichen Nachbarn besuchte, fand ich dort beinahe überall Grills, ganz egal, wo ich hinkam. In Gärten, auf Veranden, auf Balkons in Mietshäusern, ja sogar auf Feuerleitern! Keine Unterkunft war zu bescheiden, dass nicht wenigstens ein Grill vorhanden war. Trotz der kurzen Grillsaison (oder vielleicht gerade deshalb) sind Quebecer echte Grillfanatiker. Diese Ribs wurden durch eine Kochsendung auf Quebec-TV mit Gastgeber Ricardo Larrivée inspiriert. Ihre köstliche Süße verdanken sie der Kruste aus Quebecs fantastischem Ahornsirup und -zucker.

1 Zubereitung des Rubs: Den Ahornzucker, das Senfpulver, das Salz, den Pfeffer und den Salbei in eine kleine Schüssel geben und mit den Fingern sorgfältig mischen, sodass keine Klumpen zu sehen sind.

2 Vorbereitung der Ribs: Die Rippenleitern mit dem Fleisch nach unten auf ein Backblech legen. Das dünne, papierartige Häutchen auf der Knochenseite entfernen. Dazu ein dünnes Messer oder z. B. die Spitze des Fleischthermometers darunter schieben, um es zu lockern. Der beste Ausgangspunkt ist der Mittelknochen. Das Häutchen mit einem Küchenpapier oder einer breiten Pinzette festhalten und abziehen. Mit der anderen Leiter ebenso verfahren.

Tipp!

Quebec ist ein großer Produzent von Hartholzkohle, die meisten Einwohner haben für Holzrauch aber nicht viel übrig. Sie grillen auf Gasgrills. Die Verwendung von Ahornholz-Chunks zum Räuchergrillen der Ribs ist also ein amerikanischer Kniff. Ich mag das gern, aber der Einsatz eines Gasgrills wäre hier absolut authentisch.

Tomahawk
AHORNSIRUP

3 Den Rub auf dem Fleisch verteilen und auf beiden Seiten kräftig einreiben. Anschließend in Frischhaltefolie einwickeln und kaltstellen.

4 Zubereitung der Glace: Den Ahornsirup, den Ketchup, die Worcestershiresauce, den Dijonsenf, den Essig und die Meerrettichcreme in einem schweren, nicht reaktiven Topf bei starker Hitze aufkochen und dabei ständig rühren. Die Temperatur reduzieren und die Glace sanft 3–5 Minuten köcheln lassen, bis sie eingedickt und sirupartig ist. Nach Bedarf rühren. Anschließend beiseitestellen.

5 Den Grill für indirektes Grillen einrichten (siehe S. 41). Auf mittlere Hitze (160–180 °C) vorheizen. In die Mitte des Grills unter den Rost eine Tropfschale stellen (Hinweise zum Smoken auf einem Gasgrill finden Sie auf S. 44).

6 Wenn alles bereit ist, den heißen Rost abbürsten und einölen. Die Ribs mit der Knochenseite nach unten in die Mitte des Rostes über die Tropfschale legen (ist der Grill klein, ggf. ein Rib Rack benutzen, siehe S. 52). Bei einem Holzkohlegrill jeweils die Hälfte der Holzchips auf jeden Kohlehaufen geben. Den Grill schließen und die Rippchen 45 Minuten garen.

7 Die Rippchen auf beiden Seiten mit der Glace bestreichen, den Grill wieder schließen und das Fleisch weiter garen, bis die Ribs schön braun, durchgegart und zart genug sind, um sie mit den Fingern zerteilen zu können. Das dauert weitere 30–45 Minuten (Garzeit insgesamt 1 ¼–1 ½ Stunden). Wenn die Ribs gar sind, hat sich das Fleisch ca. 6 mm vom Knochenende zurückgezogen. Die Rippchen noch ein- bis zweimal mit der Glace bestreichen und nach Bedarf Kohlen nachlegen.

Variation

Ribs mit Ahornsirup geglaced im Smoker zubereiten:
Den Smoker nach Herstellerangaben vorbereiten und auf 110–120 °C vorheizen (weitere Hinweise zu Smokern auf S. 48). Die Ribs mit der Knochenseite nach unten hineinlegen und 4–5 Stunden garen. Nach ca. 2 Stunden das Fleisch mit der Glace bestreichen und den Vorgang alle 30 Minuten wiederholen. ½ Stunde vor Ende der Garzeit die Rippchen mit dem Ahornzucker bestreuen. Nach der ersten und zweiten Stunde Holzchips nachlegen und die Kohlen nach Bedarf auffüllen.

8 Unmittelbar vor dem Servieren die Rippchen noch einmal mit der Glace einpinseln und auf beiden Seiten mit dem Ahornzucker bestreuen. Das Fleisch direkt über der Glut platzieren und auf jeder Seite 1–3 Minuten grillen, bis der Zucker karamellisiert ist.

9 Die Ribs auf einen großen Teller oder ein Schneidebrett legen, einige Minuten ruhen lassen und dann halbieren oder in einzelne Rippen zerteilen. Alles zusammen mit der restlichen Glace servieren.

Tipp!

Durch den karamellisierten Ahornzucker bekommen die Ribs eine Art Bonbonkruste. Sie erhalten den Zucker in Reformhäusern oder Bioläden. Als Alternative können Sie auch Rohrohrzucker verwenden.

MINT-JULEP-RIBS

Für die Minz-Glace:

3 EL Minzgelee
3 EL Zitronensaft, frisch gepresst
3 EL gesalzene Butter
3 EL Bourbon
2 EL Zucker
1 TL Flüssigrauch (optional, nur falls Sie einen Gasgrill verwenden)

Für den Rub und die Ribs:

2 TL Eisteepulver (mit Zucker, nicht Süßstoff!)
2 TL Zucker
2 TL getrocknete Minze
2 TL edelsüßes Paprikapulver
2 TL grobes Salz (Meersalz oder koscheres Salz)
1 TL schwarzer Pfeffer, frisch gemahlen
2 Leitern Baby Back Ribs vom Schwein (2–2 ½ kg)
Bourbon-Mint-Barbecuesauce (Rezept folgt)

Sie benötigen weiterhin:

1 ½ Tassen Holzchips oder -Chunks (optional, am besten Hickory), 1 Stunde eingeweicht und dann abgetropft

Methode: indirektes Grillen
Weitere Vorbereitung: keine
Portionen: 4

Dieses Rezept habe ich als Hommage an zwei klassische Getränke aus den amerikanischen Südstaaten kreiert – Mint Julep und „Sweet Tea", der sehr beliebte extrasüße Eistee. Im Geist der allgegenwärtigen Dekonstruktion/Rekonstruktion basiert der Rub auf Minze, Zucker und Eisteepulver (keine Sorge, das schmeckt viel besser, als es klingt). Die Glace aus Minzgelee (Minzgelee können Sie im Internet erwerben) und Bourbon sowie die minzige Barbecuesauce erzeugen den Minzgeschmack. Servieren Sie die Ribs doch einmal zu Ihrer nächsten Party und spülen Sie das Ganze mit Mint Julep hinunter.

1 Zubereitung der Glace: Das Minzgelee, den Zitronensaft, die Butter, den Bourbon, den Zucker und den Flüssigrauch (optional) in einem kleinen, nicht reaktiven Topf verrühren. Bei mittlerer Hitze unter ständigem Rühren aufkochen und dann ca. 5 Minuten köcheln lassen, bis sich das Minzgelee aufgelöst hat und die Glace eine sirupartige Konsistenz angenommen hat.

2 Zubereitung des Rubs: Das Eisteepulver, den Zucker, die Minze, das Paprikapulver, das Salz und den Pfeffer in eine kleine Schüssel geben und mit den Fingern sorgfältig mischen, sodass keine Klumpen zu sehen sind.

3 Vorbereitung der Ribs: Die Rippenleitern mit dem Fleisch nach unten auf ein Backblech legen. Das dünne, papierartige Häutchen auf der Knochenseite entfernen. Dazu ein dünnes Messer oder z. B. die Spitze des Fleischthermometers darunter schieben, um es zu lockern. Der beste Ausgangspunkt ist der Mittelknochen. Das Häutchen mit einem Küchenpapier oder einer breiten Pinzette festhalten und abziehen. Mit der anderen Leiter ebenso verfahren.

4 Das Fleisch auf beiden Seiten mit Rub bestreuen und kräftig einreiben. Anschließend in Frischhaltefolie einwickeln und kaltstellen.

5 Den Grill für indirektes Grillen einrichten (siehe S. 41). Auf mittlere Hitze (160–180 °C) vorheizen. In die Mitte des Grills unter den Rost eine Tropfschale stellen (Hinweise zum Smoken auf einem Gasgrill finden Sie auf S. 44).

6 Wenn alles bereit ist, den heißen Rost abbürsten und einölen. Die Ribs mit der Knochenseite nach unten in die Mitte des Rostes über die Tropfschale legen (ist der Grill klein, ggf. ein Rib Rack benutzen, siehe S. 52). Bei einem Holzkohlegrill jeweils die Hälfte der Holzchips auf jeden Kohlehaufen geben. Den Grill schließen und die Rippchen 60 Minuten garen.

7 Die Rippchen auf beiden Seiten mit der Glace bestreichen, den Grill wieder schließen und das Fleisch weiter garen, bis die Ribs schön braun, durchgegart und zart genug sind, um sie mit den Fingern zerteilen zu können. Das dauert weitere 15–30 Minuten (Garzeit insgesamt 1 ¼–1 ½ Stunden). Wenn die Ribs gar sind, hat sich das Fleisch ca. 6 mm vom Knochenende zurückgezogen. Die Rippchen noch weitere ein bis zwei Mal mit der Glace bestreichen und nach Bedarf Kohlen nachlegen.

8 Die Ribs auf einen großen Teller oder ein Schneidebrett legen, einige Minuten ruhen lassen und dann halbieren oder in einzelne Rippen zerteilen. Sofort servieren und dazu die Bourbon-Mint-Barbecuesauce reichen.

Variation

Mint-Julep-Ribs im Smoker zubereiten:

Den Smoker nach Herstellerangaben vorbereiten und auf 110–120 °C vorheizen (weitere Hinweise zu Smokern auf S. 48). Die Ribs mit der Knochenseite nach unten hineinlegen und 4–5 Stunden garen. ½ Stunde vor Ende der Garzeit die Ribs mit der Bourbon-Mint-Barbecuesauce bestreichen. Nach der ersten und zweiten Stunde Holzchips nachlegen und die Kohlen nach Bedarf auffüllen.

BOURBON-MINT-BARBECUESAUCE

Wäre ein Mint Julep eine Barbecuesauce – so würde er schmecken. Süß, minzig und beschwipst, ebenso außergewöhnlich wie lecker. Für dieses Rezept müssen Sie nicht den guten fassgereiften Bourbon hervorholen, es sollte aber auch kein Fusel sein.

Ergibt ca. 370 ml

125 ml Ketchup
125 ml Chilisauce (siehe Anmerkung)
75 ml Minzgelee
60 ml Bourbon
2 EL (oder mehr) Apfelessig
2 EL (oder mehr) brauner Zucker
1 EL Worcestershiresauce
1 TL Flüssigrauch
grobes Salz (Meersalz oder koscheres Salz) und frisch gemahlener schwarzer Pfeffer

Den Ketchup, die Chilisauce, das Minzgelee, den Bourbon, den Essig, den Zucker, die Worcestershiresauce und den Flüssigrauch in einem schweren, nicht reaktiven Topf sorgfältig verrühren. Das Ganze bei mittlerer Hitze unter ständigem Rühren aufkochen. Die Hitze reduzieren und die Sauce 8–10 Minuten sanft köcheln lassen, bis sie dick und aromatisch ist. Dabei gelegentlich umrühren. Anschließend mit Salz und Pfeffer abschmecken und nach Bedarf etwas mehr Essig und/oder Zucker hinzugeben. Im Kühlschrank hält sich die Sauce abgedeckt mehrere Wochen. Vor der Verwendung auf Raumtemperatur erwärmen.

Anmerkung:
Mit Chilisauce ist eine sanfte, fruchtige Sauce gemeint, kein flüssiges Feuer aus Thailand oder Texas.

BUCCANEER-BABY-BACK-RIBS

1 große Orange
1 kleine Zwiebel, grob gehackt
2 Knoblauchzehen, grob gehackt
½ Bund Schnittlauch oder 2 Frühlingszwiebeln, geputzt und grob gehackt
½–1 Scotch-Bonnet-Chili, entkernt und sehr fein gehackt
2 EL glattblättrige Petersilie, grob gehackt
3 EL Rotweinessig
3 EL Sojasauce
3 EL Pflanzenöl
½ TL schwarzer Pfeffer, frisch gemahlen
4 Pimentbeeren oder ¼ TL gemahlener Piment
¼ TL ganze oder gemahlene Nelken
2 Leitern Baby Back Ribs vom Schwein (2–2 ½ kg)
Rumbullion-Barbecuesauce (Rezept folgt)

Sie benötigen weiterhin:
1 ½ Tassen Holzchips oder -Chunks (am besten Apfel oder Kirsche), 1 Stunde eingeweicht und dann abgetropft

Methode: erst indirektes, dann direktes Grillen
Weitere Vorbereitung: mindestens 6 Stunden zum Marinieren einplanen
Portionen: 4

Im 16. und 17. Jahrhundert suchte eine unbändige Truppe, bestehend aus Piraten, Kleinkriminellen, Deserteuren und entflohenen Sklaven, an den unbewohnten Küsten Haitis und der Dominikanischen Republik Unterschlupf. Von den Ureinwohnern lernten sie eine Technik kennen, die man „boucan" nennt. Dabei wird Fleisch mit feurigen Chilis und Gewürzen konserviert und dann über glühenden Fruchthölzern zubereitet. Sie waren die ersten Pitmaster der Neuen Welt und wurden im Laufe der Zeit als Buccaneers (Bukaniere) bekannt. Die Erinnerung an sie wird heute noch in einem beliebten Restaurant auf St. Barts, *La Route de Boucaniers*, aufrechterhalten. Das Restaurant wurde von Francis Delage, dem führenden Experten für die westindische Küche, am Hafen von Gustavia gegründet. Stünden die Tische noch näher am Wasser, müsste man in Badekleidung speisen. Delage bereitet seine Buccaneer-Baby-Back-Ribs in drei Schritten zu. Zuerst werden sie 24 Stunden in einer aromatischen Mischung aus karibischen Gewürzen und Sojasauce mariniert, dann grillt er sie indirekt über Pimentholz. Zu guter Letzt beträufelt er sie direkt über dem Feuer mit einer rumlastigen Barbecuesauce.

1 Mit dem Gemüseschäler 2 Streifen Orangenschale abziehen und in die Küchenmaschine geben. Die Orange halbieren und entsaften. 2 EL Orangensaft für die Barbecuesauce beiseitestellen, den Rest ebenfalls in die Küchenmaschine geben.

2 Die Zwiebel, den Knoblauch, den Schnittlauch, die Chilischote, die Petersilie, den Essig, die Sojasauce, das Öl, den Pfeffer, den Piment und die Nelken hinzufügen und alles glatt pürieren.

3 Vorbereitung der Ribs: Die Rippenleitern mit dem Fleisch nach unten auf ein Backblech legen. Das dünne, papierartige Häutchen auf der Knochenseite entfernen. Dazu ein dünnes Messer oder z. B. die Spitze des Fleischthermometers darunter schieben, um es zu lockern. Der beste Ausgangspunkt ist der Mittelknochen. Das Häutchen mit einem Küchenpapier oder einer breiten Pinzette festhalten und abziehen. Mit der anderen Leiter ebenso verfahren.

Tipps!

Die Scotch Bonnet ist eine der schärfsten Chilischoten der Welt. Natürlich haben westindische Köche eine eigene Methode entwickelt, wie sie die Schote halten, ohne sich die Finger zu verbrennen: sie schneiden, entkernen und würfeln sie auf eine Gabel gespießt.

Sollen die Ribs schön rauchig werden, verwenden Sie einen Holzkohlegrill oder Smoker. Die Marinade und Sauce sind aber so aromatisch, dass in diesem Fall auch ein Gasgrill ausreicht.

4 Die Ribs in eine nicht reaktive Auflaufform oder ähnliches legen, die Marinade darüber geben und gut verteilen, sodass beide Seiten bedeckt sind. Abgedeckt im Kühlschrank mindestens 6 Stunden oder besser über Nacht ziehen lassen. Dabei 3–4 Mal wenden. Je länger die Ribs in der Marinade ziehen, desto intensiver ist der Geschmack (man kann zum Marinieren auch große verschließbare Plastikbeutel verwenden).

5 Den Grill für indirektes Grillen einrichten (siehe S. 41). Auf mittlere Hitze (160–180 °C) vorheizen. In die Mitte des Grills unter den Rost eine Tropfschale stellen (Hinweise zum Smoken auf einem Gasgrill finden Sie auf S. 44).

6 Wenn alles bereit ist, den heißen Rost abbürsten und einölen. Die Ribs mit der Knochenseite nach unten in die Mitte des Rostes über die Tropfschale legen (ist der Grill klein, ggf. ein Rib Rack benutzen, siehe S. 52). Bei einem Holzkohlegrill jeweils die Hälfte der Holzchips auf jeden Kohlehaufen geben. Den Grill schließen und die Rippchen 1 ¼–1 ½ Stunden garen, bis sie zart sind. Wenn die Ribs gar sind, haben sie eine schöne braune Farbe und das Fleisch hat sich ca. 6 mm vom Knochenende zurückgezogen. Nach Bedarf Kohlen nachlegen.

7 Unmittelbar vor dem Servieren die Rippchen auf beiden Seiten mit etwas Rumbullion-Barbecuesauce bestreichen und direkt über der Glut platzieren. Auf jeder Seite 1–3 Minuten grillen, bis die Sauce gebräunt ist und kocht.

8 Die Ribs auf einen großen Teller oder ein Schneidebrett legen, einige Minuten ruhen lassen und dann halbieren oder in einzelne Rippen zerteilen. Mit der restlichen Barbecuesauce servieren.

Variation:

Buccaneer-Baby-Back-Ribs im Smoker zubereiten:

Den Smoker nach Herstellerangaben vorbereiten und auf 110–120 °C vorheizen (weitere Hinweise zu Smokern auf S. 48). Die Ribs mit der Knochenseite nach unten hineinlegen und 4–5 Stunden garen. ½ Stunde vor Ende der Garzeit leicht mit der Rumbullion Barbecue Sauce bestreichen. Nach der ersten und zweiten Stunde Holzchips nachlegen und die Kohlen nach Bedarf auffüllen.

RUMBULLION-BARBECUESAUCE

Rum ist der Geist der Karibik, im wörtlichen wie im übertragenen Sinne. Er wird aus Zucker oder Melasse gebrannt, die wiederum von einer Pflanze stammen, die Kolumbus auf seiner zweiten Fahrt auf die Westindischen Inseln brachte: Zuckerrohr. Die ersten Varianten waren ziemlich hart, zumindest, wenn man nach ihren Spitznamen urteilt: Teufelstöter (kill devil), Schädel-Geklapper (skull-rattle) oder eben Rumbullion. Diese Barbecuesauce verdankt ihre Süße dem dunklen Rum aus Guadalupe, aber jeder andere dunkle Rum geht auch. Sie erhalten mehr Sauce, als Sie benötigen, aber sie ist lange haltbar und schmeckt großartig auf Hühnchen oder gegrilltem Schweinefleisch.

Ergibt 500 ml

60 ml (oder mehr) dunkler Rum (z. B. Rumbullion)
60 ml Honig
3 EL (oder mehr) brauner Zucker
60 ml (oder mehr) Limettensaft, frisch gepresst
3 EL (oder mehr) Sojasauce
2 EL Orangensaft, frisch gepresst
½ TL Zimtpulver
½ TL Muskatnuss, gemahlen
250 ml Ketchup

1 Den Rum, den Honig, den Zucker, den Limettensaft, die Sojasauce, den Orangensaft, den Zimt und den Muskat in einen schweren, nicht reaktiven Topf geben und bei starker Hitze aufkochen. Anschließend die Temperatur reduzieren und die Sauce bei mittlerer Hitze 3–5 Minuten einkochen lassen, bis er sirupartig ist.

2 Den Ketchup sowie 2–3 EL Wasser unterrühren und die Sauce weitere 6–10 Minuten köcheln lassen, bis sie ein intensives Aroma hat. Abschmecken und je nach Geschmack etwas mehr Sojasauce (salziger), Zucker (süßer), Limettensaft (saurer) oder Rum hinzugeben, falls Sie Mark Twain zustimmen, dass „zu viel Alkohol gerade genug" ist.

3 Vor dem Servieren auf Raumtemperatur abkühlen lassen. Abgedeckt im Kühlschrank hält sich die Sauce mehrere Wochen. Vor der Verwendung wieder auf Raumtemperatur erwärmen.

SÜß-SCHARFE THAI-RIBS

6 Knoblauchzehen, grob gehackt
15 g Korianderwurzeln, fein gehackt, oder 15 g frische Korianderblätter
1 EL grobes Salz (Meersalz oder koscheres Salz)
2 TL schwarzer oder weißer Pfeffer, frisch gemahlen
2 TL Korianderpulver
2 EL Limettensaft, frisch gepresst
3–4 EL Pflanzenöl
2 Leitern Baby Back Ribs vom Schwein (2–2 ½ kg)
250 ml thailändische süße Chilisauce
3 EL trocken geröstete Erdnüsse, fein gehackt oder grob gemahlen

Methode: erst indirektes, dann direktes Grillen
Weitere Vorbereitung: mindestens 2 Stunden zum Marinieren einplanen
Portionen: 4

Ribs gehören eigentlich nicht zum traditionellen thailändischen Grillrepertoire. Das hat einige Thairestaurants in den USA aber nicht davon abgehalten, sie dennoch auf die Speisekarte zu setzen. Die Ribs erhalten meist eine doppelte Dosis Geschmack: erst durch eine Gewürzpaste oder Marinade, dann durch eine großzügige Portion Thai-Chilisauce. Diese Sauce gehört wohl mit zu den köstlichsten Saucen, die seit der Barbecuesauce im Kansas-City-Style (deren asiatisches Gegenstück sie ist) erfunden wurde. Sie ist süß, pikant, würzig und schmeckt nach Knoblauch, ist aber nicht übermäßig scharf. Die dicke rote oder orange Sauce passt zu fast jedem Fleisch oder Fisch. Thailändische süße Chilisauce (nicht zu verwechseln mit Sriracha, einer Art scharfem, aber nicht süßem, Thai-Ketchup) erhalten Sie in gut sortierten Supermärkten oder in Asialäden. Gute Sorten sind Flying Goose, Thai Lady und, wenn Sie sie bekommen, Taste of Asia.

1 Den Knoblauch, den Koriander, das Salz, den Pfeffer und das Korianderpulver in die Küchenmaschine geben und zerkleinern. Gerade genug Limettensaft und Öl hinzufügen, dass eine dicke Paste entsteht. Alternativ den Knoblauch und den Koriander mit dem Salz und dem Pfeffer im Mörser zerreiben und dann den Limettensaft und das Öl dazugeben.

Tipp!

Die Thai-Ribs werden mit einem Wet-Rub gewürzt, einer Art Gewürzpaste, die feuchter ist als ein traditioneller Rub, aber auch nicht so flüssig wie eine Marinade. Authentischerweise sollte man für diesen Wet-Rub Korianderwurzeln verwenden, deren erdiger Geschmack irgendwo zwischen Koriander und Knollensellerie liegt. Korianderpflanzen mit Wurzeln bekommen Sie in Asialäden und auf manchen Wochenmärkten. Vor dem Schneiden müssen sie gewaschen und gut abgetrocknet werden. Falls Sie keine Wurzeln bekommen, verwenden Sie einfach frisch gehackte Korianderblätter.
Auch dieses Rezept lässt sich gut auf dem Gasgrill zubereiten, da wir keinen Rauch benötigen.

2 Vorbereitung der Ribs: Die Rippenleitern mit dem Fleisch nach unten auf ein Backblech legen. Das dünne, papierartige Häutchen auf der Knochenseite entfernen. Dazu ein dünnes Messer oder z. B. die Spitze des Fleischthermometers darunter schieben, um es zu lockern. Der beste Ausgangspunkt ist der Mittelknochen. Das Häutchen mit einem Küchenpapier oder einer breiten Pinzette festhalten und abziehen. Mit der anderen Leiter ebenso verfahren.

3 Den Wet-Rub mit einem Küchenpinsel auf beiden Seiten der Ribs verteilen. Abgedeckt im Kühlschrank mindestens 2 Stunden oder besser über Nacht ziehen lassen. Dabei 3–4 Mal wenden. Je länger die Ribs in der Marinade ziehen, desto intensiver ist der Geschmack.

4 Den Grill für indirektes Grillen einrichten (siehe S. 41). Auf mittlere Hitze (160–180 °C) vorheizen. In die Mitte des Grills unter den Rost eine Tropfschale stellen.

5 Wenn alles bereit ist, den heißen Rost abbürsten und einölen. Die Ribs mit der Knochenseite nach unten in die Mitte des Rostes über die Tropfschale legen (ist der Grill klein, ggf. ein Rib Rack benutzen, siehe S. 52). Den Grill schließen und die Rippchen 1 ¼–1 ½ Stunden garen, bis sie schön braun, durchgegart und zart genug sind, um sie mit den Fingern zerteilen zu können. Wenn die Ribs gar sind, hat sich das Fleisch ca. 6 mm vom Knochenende zurückgezogen. Bei einem Holzkohlegrill nach Bedarf Kohlen nachlegen.

6 Unmittelbar vor dem Servieren die Rippchen auf beiden Seiten mit etwas Chilisauce bestreichen und direkt über die Glut legen. Auf jeder Seite 1–3 Minuten grillen, bis die Sauce gebräunt ist und kocht.

7 Die Ribs auf einen großen Teller oder ein Schneidebrett legen, einige Minuten ruhen lassen und dann halbieren oder in einzelne Rippen zerteilen. Mit etwas Sauce bestreichen und mit den gehackten Erdnüssen bestreuen. Mit der restlichen Sauce servieren.

WÜRDEN SICH DIE „ECHTEN" BABY BACK RIBS BITTE MELDEN?

Baby Back Ribs sind Amerikas Lieblingsribs – aus gutem Grund, denn sie sind fleischig, aber gut durchwachsen. Sie sind zart, aber sehr geschmacksintensiv. Dank ihrer rechteckigen Form garen sie schön gleichmäßig und jeder bekommt immer ein gutes Stück mit viel Fleisch, egal von welchem Ende.

Wussten Sie, dass Baby Back Ribs im Metzgerjargon eigentlich *Top Loin Ribs*, auf Deutsch Kotelettrippchen, heißen? Top (oben) bezieht sich auf die Position am Schwein, also ganz oben. Loin bezieht sich auf den mageren, zarten, zylindrischen Muskel, der direkt auf den Rippen sitzt. Traditionell war dieser Teil der begehrteste Teil des Schweins (daher stammt das amerikanische Sprichwort „eating high off the hog", was wörtlich übersetzt „Den obersten Teil des Schweins essen" bedeutet und so viel meint wie in Saus und Braus leben). Eine typische Rippenleiter amerikanischer Baby Back Ribs wiegt ca. 2–2,5 kg (manchmal auch mehr) und reicht für zwei Personen. Baby Back Ribs sind zart genug, dass man sie direkt grillen kann. Über einer Glut mit mittlerer Hitze benötigen sie ca. 15–20 Minuten pro Seite. Andererseits sind sie aber auch geeignet, um 4–5 Stunden im Smoker zu überstehen.

Weil das Ganze noch nicht kompliziert genug ist, wird der Begriff Baby Back Ribs mitunter auch für eine sehr kleine Rippenleiter von einem Spanferkel verwendet. Diese Baby Back Ribs wiegen nur 325–625 g und stammen tatsächlich von einem „Baby". Diese Rippchen sind vor allem in Dänemark weit verbreitet und sind so zart, dass man sie am besten direkt oder am Spieß grillt.

Üblicherweise stammen die Kotelettrippchen, die Sie im Supermarkt bekommen, aber von ausgewachsenen Schweinen. Dies sind die Baby Back Ribs, die ich in diesem Buch verwende. Als Ehrerbietung an die Dänen – und damit Sie einmal etwas anderes probieren können – finden Sie auf S. 170 eine Rezeptvariation mit den Baby Back Ribs vom Spanferkel, die ich „echte" Baby Back Ribs nenne. Falls Ihnen das Ergebnis zusagt, können Sie in jedem Rezept zwei der großen Rippenleitern durch vier der Baby Back Ribs vom Spanferkel ersetzen. Die indirekte Grillzeit für die „echten" Ribs beträgt 40–60 Minuten bei 160–180 °C. Direkt gegrillt brauchen die Ribs über einer mittel-hohen Glut 12–20 Minuten pro Seite. Low and slow gesmokt dauert das Ganze 2–3 Stunden.

Wo bekommen Sie nun aber „echte" Baby Back Ribs her? Am besten wenden Sie sich an Ihren Metzger des Vertrauens. Sollten Sie einmal nach Skandinavien reisen, müssen Sie dort natürlich die örtlichen Rippchen probieren.

RED-EYE-RIBS MIT CAFÉ-AU-LAIT-BARBECUESAUCE

Methode: erst indirektes, dann direktes Grillen

Weitere Vorbereitung: mindestens 1 Stunde zum Einziehen des Rubs einplanen

Portionen: 4

Für den Rub und die Ribs:

- 2 EL Kaffee, gemahlen (dunkle Röstung)
- 2 TL grobes Salz (Meersalz oder koscheres Salz)
- 1 TL Chilipulver
- 1 TL Zwiebelpulver
- 1 TL Knoblauchpulver
- 1 TL Korianderpulver
- ½ TL schwarzer Pfeffer, frisch gemahlen
- ¼ TL Zimtpulver
- 2 Leitern Baby Back Ribs vom Schwein (2–2 ½ kg)

Für die Mopp-Sauce:

- 2 EL Butter
- 60 ml Kaffee, frisch aufgebrüht, auf Raumtemperatur abgekühlt
- 2 EL Apfelessig
- 2 EL Bourbon
- grobes Salz (Meersalz oder koscheres Salz) und frisch gemahlener schwarzer Pfeffer

Café-au-Lait-Barbecuesauce (Rezept folgt)

Sie brauchen weiterhin:

- 1 ½ Tassen Holzchips oder -Chunks (am besten Hickory), 1 Stunde eingeweicht und dann abgetropft

Nennen wir es das Starbucks-Syndrom. Heute kann man keine Zeitschrift in die Hand nehmen, in der nicht mindestens ein Rezept für eine angesagte Sauce oder Gewürzmischung auf Kaffeebasis steht. Tatsächlich hat die Verbindung von Kaffee und Fleisch (vor allem Schwein) im tiefen Süden der USA eine lange Tradition. Köche in den Südstaaten geben gern einmal einen Schuss Kaffee in die Pfanne, in der gerade ein Schinkensteak oder ein Kotelett brät. Daraus wird am Ende die äußerst beliebte Red-Eye-Sauce. Dieses Prinzip dient als Inspiration für mein Rezept, und falls Sie noch nie Baby Back Ribs und Kaffee kombiniert haben, dann wird es wirklich Zeit!

1 Zubereitung des Rubs: Den Kaffee, das Salz, das Chilipulver, das Zwiebelpulver, das Knoblauchpulver, das Korianderpulver, den Pfeffer und den Zimt in eine kleine Schüssel geben und mit den Fingern sorgfältig mischen, sodass keine Klumpen zu sehen sind.

2 Vorbereitung der Ribs: Die Rippenleitern mit dem Fleisch nach unten auf ein Backblech legen. Das dünne, papierartige Häutchen auf der Knochenseite entfernen. Dazu ein dünnes Messer oder z. B. die Spitze des Fleischthermometers darunter schieben, um es zu lockern. Der beste Ausgangspunkt ist der Mittelknochen. Das Häutchen mit einem Küchenpapier oder einer breiten Pinzette festhalten und abziehen. Mit der anderen Leiter ebenso verfahren.

3 Den Rub auf dem Fleisch verteilen und auf beiden Seiten kräftig einreiben. Anschließend in Frischhaltefolie einwickeln und mindestens 1 Stunde (bis zu 4 Stunden) kaltstellen. Je länger die Ribs ziehen, desto intensiver ist der Geschmack.

4 Zubereitung der Mopp-Sauce: Die Butter in einem nicht reaktiven Topf bei mittlerer Hitze schmelzen. Den Kaffee, den Essig und den Bourbon

unterrühren und alles etwa 1 Minute köcheln lassen. Dann nach Bedarf mit Salz und Pfeffer abschmecken und die Sauce auf Raumtemperatur abkühlen lassen.

5 Den Grill für indirektes Grillen einrichten (siehe S. 41). Auf mittlere Hitze (160–180 °C) vorheizen. In die Mitte des Grills unter den Rost eine Tropfschale stellen (Hinweise zum Smoken auf einem Gasgrill finden Sie auf S. 44).

6 Wenn alles bereit ist, den heißen Rost abbürsten und einölen. Die Ribs mit der Knochenseite nach unten in die Mitte des Rostes über die Tropfschale legen (ist der Grill klein, ggf. ein Rib Rack benutzen, siehe S. 52). Bei einem Holzkohlegrill jeweils die Hälfte der Holzchips auf jeden Kohlehaufen geben. Den Grill schließen und die Rippchen 45 Minuten garen.

7 Die Ribs nun auf beiden Seiten mit der Mopp-Sauce moppen. Den Grill wieder schließen und die Rippchen weitere 30–45 Minuten grillen, bis sie schön braun, durchgegart und zart genug sind, um sie mit den Fingern zerteilen zu können. Das dauert insgesamt 1 ¼–1 ½ Stunden. Wenn die Ribs gar sind, hat sich das Fleisch ca. 6 mm vom Knochenende zurückgezogen. Das Fleisch in dieser Zeit noch 1–2 Mal moppen. Bei einem Holzkohlegrill nach Bedarf Kohlen nachlegen.

8 Unmittelbar vor dem Servieren die Rippchen auf beiden Seiten mit der Café-au-Lait-Barbecuesauce bestreichen und direkt über der Glut platzieren. Auf jeder Seite 1–3 Minuten grillen, bis die Sauce kocht.

9 Die Ribs auf einen großen Teller oder ein Schneidebrett legen, einige Minuten ruhen lassen und dann halbieren oder in einzelne Rippen zerteilen. Mit der restlichen Sauce servieren bzw. diese über das Fleisch träufeln.

Tipps!

Für den Rub und die Mopp-Sauce eignet sich jeder Kaffee (nur kein Instantpulver); ein sehr interessantes Aroma bietet aber z. B. der Kaffee aus Louisiana, der mit Zichorienwurzel versetzt ist.

Wie bei jedem guten Südstaatenbarbecue schmecken diese Ribs am besten mit viel Hickory-Rauch gesmokt, deshalb sollten sie idealerweise auf dem Holzkohlengrill oder im Smoker zubereitet werden.

CAFÈ-AU-LAIT-BARBECUESAUCE

Wie Tausende andere Besucher von New Orleans (und seinen Restaurants), beginne ich meinen Tag dort gerne mit einem Beignet und einem Café au Lait im *Café du Monde*. Ein Beignet ist ein fettgebackener Krapfen, der mit Puderzucker bestäubt wird. Man taucht es in den Milchkaffee, hier eine dampfende Mischung aus dunklem, starkem Kaffee mit Zichorienaroma, der mit heißer Milch aufgegossen wird. Zichorienwurzeln schmecken bitter-süß und werden getrocknet als Kaffeezusatz oder gar -ersatz verwendet (in Deutschland auch als Landkaffee bekannt). In New Orleans kam man vermutlich auf den Geschmack, als der Kaffeeimport während des Bürgerkrieges unterbrochen war. Das erdige, bitter-süße Aroma bildet eine ideale Basis für eine Barbecuesauce.

Ergibt ca. 370 ml

1 EL Butter
1 große Schalotte, fein gehackt (ca. 3 EL)
1 Knoblauchzehe, fein gewürfelt
1 EL Sellerie, fein gewürfelt
125 ml Kaffee mit Zichorie, frisch gebrüht (siehe Anmerkung)
125 ml Ketchup
2 EL Schlagsahne
2 EL Sojasauce
2 EL Bourbon
1 EL Worcestershiresauce
1 EL Apfelessig
1 EL Dijonsenf
1 TL Flüssigrauch
2 EL (oder mehr) dunkler Rohrzucker
grobes Salz (Meersalz oder koscheres Salz) und frisch gemahlener schwarzer Pfeffer

1 Die Butter in einem schweren, nicht reaktiven Topf bei mittlerer Hitze schmelzen. Die Schalotte, den Knoblauch und den Sellerie dazugeben und 3–4 Minuten sanft bräunen. Den Kaffee, den Ketchup, die Sahne, die Sojasauce, den Bourbon, die Worcestershiresauce, den Essig, den Senf, den Flüssigrauch und den Zucker dazugeben, alles gut verrühren und aufkochen.

2 Die Temperatur reduzieren und die Sauce 8–10 Minuten köcheln lassen, bis sie dick und aromatisch ist. Dabei gelegentlich umrühren. Nach Bedarf abschmecken und ggf. mit Salz, Pfeffer und Zucker (oder einer anderen Zutat) nachwürzen. Abgedeckt im Kühlschrank hält sich die Sauce mehrere Wochen. Vor der Verwendung wieder auf Raumtemperatur erwärmen.

Anmerkung:
Kaffee mit Zichorie ist, im Gegensatz zu reinem Zichorienkaffee, in Deutschland schwer erhältlich. Nutzen Sie am besten das Internet als Bezugsquelle.

DINOSAUR-BABY-BACK-RIBS MIT ANANAS-BARBECUESAUCE

75 ml Natives Olivenöl Extra
½ mittelgroße Zwiebel, fein gehackt
6 Knoblauchzehen, gehackt
375 ml Orangensaft, frisch gepresst
125 ml Limettensaft, frisch gepresst
1 TL grobes Salz (Meersalz oder koscheres Salz)
1 TL schwarzer Pfeffer, frisch gemahlen
1 TL Kreuzkümmelpulver
1 TL Oregano, getrocknet
3 EL frischer Koriander, fein gehackt
2 Leitern Baby Back Ribs vom Schwein (2–2 ½ kg)
Ananas-Barbecuesauce (Rezept folgt)

Sie benötigen weiterhin:
1 ½ Tassen Holzchips oder -Chunks (optional, am besten Hickory), 1 Stunde eingeweicht und dann abgetropft

Methode: erst indirektes, dann direktes Grillen
Weitere Vorbereitung: mind. 4 Stunden zum Marinieren einplanen
Portionen: 4

Es war ein harter Tag auf dem Barbecue-Trail. Zum Glück kamen wir schließlich zu einem weitläufigen Ziegelbau, vor dem Hunderte Harley-Davidson-Motorräder geparkt waren. Willkommen im *Dinosaur Bar-B-Que* in Syracuse, New York. Lassen Sie sich von den tätowierten Bikern bloß nicht abschrecken. Man konzentriert sich hier ganz auf das Essen und es ist ein – auch wenn es zunächst gar nicht so wirkt – äußerst familienfreundliches Restaurant. Gegründet wurde es von einem Pitmaster, der seine Karriere damit begann, auf Bikertreffen auf einem 200 l Fass zu grillen. Heute rauscht John Stage auf seiner Harley zwischen Restaurants in Syracuse, Rochester und, seit neuestem, Harlem hin und her, wo er genau die richtige Anzahl Hickory-Scheite in seine komplett mit Holz befeuerten Pits legt. Aus gewaltigen Rippenleitern und Schweineschultern zaubert er rauchige Köstlichkeiten, die jedem Fleischliebhaber Tränen in die Augen treiben. John verbrachte viel Zeit in Miami (er hatte eine kubanische Freundin, aber das ist eine lange Geschichte). Eines der positiven Andenken an diese Zeit sind diese Baby Back Ribs, die mit Knoblauch, Orange und Limette mariniert werden (angelehnt an das kubanische Adobo). Serviert werden sie mit einer höchst tropischen Barbecuesauce mit Ananas und Guave. Dieses Rezept ist eine Abwandlung aus Johns Buch *Dinosaur Bar-B-Que: An American Roadhouse*.

1 Das Olivenöl in einem hohen, schweren Topf bei mittlerer Hitze erhitzen. Sobald das Öl heiß ist, aber noch nicht raucht, die Zwiebel und den Knoblauch hinzugeben und 3–4 Minuten sanft bräunen. Mit dem Orangen- und dem Limettensaft ablöschen, die Temperatur erhöhen und alles ca. 30 Sekunden kochen. Anschließend das Salz, den Pfeffer, den Kreuzkümmel, das Oregano und den Koriander unterrühren und weitere 30 Sekunden kochen. Den Topf vom Herd nehmen, die Marinade auf Raumtemperatur abkühlen lassen und im Mixer pürieren – oder auch nicht; intensiv ist das Aroma in jedem Fall.

Tipp!

Bei Johns Originalrezept werden die Ribs im Ofen gebacken. Sie wissen, wie ich darüber denke, deswegen werden sie hier indirekt mit Holzrauch gegrillt.

2 Vorbereitung der Ribs: Die Rippenleitern mit dem Fleisch nach unten auf ein Backblech legen. Das dünne, papierartige Häutchen auf der Knochenseite entfernen. Dazu ein dünnes Messer oder z. B. die Spitze des Fleischthermometers darunter schieben, um es zu lockern. Der beste Ausgangspunkt ist der Mittelknochen. Das Häutchen mit einem Küchenpapier oder einer breiten Pinzette festhalten und abziehen. Mit der anderen Leiter ebenso verfahren.

3 Die Ribs in eine große, nicht reaktive Auflaufform oder ähnliches legen, ¾ der Marinade darüber geben und gut verteilen, sodass beide Seiten bedeckt sind. Den Rest zum Moppen beiseitestellen. Das Fleisch abgedeckt im Kühlschrank mindestens 4 Stunden oder besser über Nacht ziehen lassen. Dabei 3–4 Mal wenden. Je länger die Ribs in der Marinade ziehen, desto intensiver ist der Geschmack (man kann zum Marinieren auch große wiederverschließbare Plastikbeutel verwenden).

4 In der Zwischenzeit die Ananas-Barbecuesauce zubereiten.

5 Den Grill für indirektes Grillen einrichten (siehe S. 41). Auf mittlere Hitze (160–180 °C) vorheizen. In die Mitte des Grills unter den Rost eine Tropfschale stellen (Hinweise zum Smoken auf einem Gasgrill finden Sie auf S. 44).

6 Wenn alles bereit ist, den heißen Rost abbürsten und einölen. Die Ribs mit der Knochenseite nach unten in die Mitte des Rostes über die Tropfschale legen (ist der Grill klein, ggf. ein Rib Rack benutzen, siehe S. 52). Bei einem Holzkohlegrill jeweils die Hälfte der Holzchips auf jeden Kohlehaufen geben. Den Grill schließen und die Rippchen 1 ¼–1 ½ Stunden garen, bis sie außen schön braun und sehr knusprig und innen zart genug sind, um sie mit den Fingern zerteilen zu können. Wenn die Ribs gar sind, hat sich das Fleisch ca. 6 mm vom Knochenende zurückgezogen. Das Fleisch nach den ersten 45 Minuten und dann alle 15 Minuten mit dem Rest der Marinade moppen.

7 Unmittelbar vor dem Servieren die Rippchen auf beiden Seiten mit etwas Ananas-Barbecuesauce bestreichen und direkt über der Glut platzieren. Auf jeder Seite 1–3 Minuten grillen, bis die Sauce kocht.

8 Die Ribs auf einen großen Teller oder ein Schneidebrett legen, einige Minuten ruhen lassen und dann halbieren oder in einzelne Rippen zerteilen. Sofort mit der restlichen Barbecuesauce servieren.

Variation

Dinosaur-Baby-Back-Ribs im Smoker zubereiten:

Den Smoker nach Herstellerangaben vorbereiten und auf 110–120 °C vorheizen (weitere Hinweise zu Smokern auf S. 48). Die Ribs mit der Knochenseite nach unten hineinlegen und 4–5 Stunden garen. ½ Stunde vor Ende der Garzeit die Ribs mit der Barbecuesauce bestreichen.

ANANAS-BARBECUESAUCE

Diese Sauce verdankt ihren süß-scharfen, intensiven Geschmack vier tropischen Zutaten: frischer Ananas, Ingwer, Scotch-Bonnet-Chilis und Guavenpaste. Guavenpaste ist eine Art rubinrote, feste Konfitüre, die aus Guaven hergestellt wird.
Lassen Sie sich von den vielen Zutaten der Sauce nicht abschrecken. Denken Sie immer daran, Barbecuesaucen sollen aufwendig sein. Dieses Rezept ergibt wahrscheinlich mehr Sauce, als Sie benötigen; sie ist jedoch lange haltbar und passt gut zu gegrilltem (oder gesmoktem) Rind, Schwein, Geflügel oder Fisch – sie ist wirklich vielseitig einsetzbar.

Ergibt ca. 750 ml

- 1 EL Pflanzenöl
- ¼ mittelgroße Zwiebel, grob gehackt
- ¼ grüne Paprikaschote, grob gehackt (ca. 3 EL)
- 2 Knoblauchzehen, grob gehackt
- 1 EL frischer Ingwer, geschält und grob gehackt
- ¼–1 Scotch-Bonnet-Chili, Samen entfernt und grob gehackt (siehe Anmerkung)
- 100 g frische Ananas, gewürfelt, mit Saft
- 60 ml Ananassaft oder Wasser
- 2 EL Guavenpaste oder Aprikosenkonfitüre
- 175 ml Tomatensauce aus der Dose
- 125 ml Ketchup
- 75 ml Limettensaft, frisch gepresst
- 3 EL Worcestershiresauce
- 1 EL Melasse
- 1 EL scharfer Senf
- 3 EL (oder mehr) Rohrzucker
- 1 TL Chilipulver
- ¼ TL Pimentpulver
- 3 EL frischer Koriander, fein gehackt
- 1 TL Flüssigrauch

1 Das Öl bei mittlerer Hitze in einem schweren, nicht reaktiven Topf erhitzen. Die Zwiebel, die Paprika, den Knoblauch, den Ingwer und die Scotch-Bonnet-Chili 3–4 Minuten goldbraun dünsten. Dabei mit einem Holzlöffel rühren. Die Ananas, den Ananassaft und die Guavenpaste hinzufügen und 1 Minute kochen lassen.

2 Die Tomatensauce, den Ketchup, den Limettensaft, die Worcestershiresauce, die Melasse, den Senf, den Zucker, das Chili- und das Pimentpulver hinzugeben und unter ständigem Rühren aufkochen. Die Temperatur etwas reduzieren und die Sauce 5–8 Minuten köcheln lassen, bis sie dick und aromatisch ist. Den Topf vom Herd nehmen und die Sauce auf Raumtemperatur abkühlen lassen. Den Koriander und den Flüssigrauch unterrühren und alles im Mixer fein pürieren. Saucenreste halten sich in einem Schraubglas im Kühlschrank mehrere Wochen. Vor der Verwendung wieder auf Raumtemperatur erwärmen.

Anmerkung:
Scotch-Bonnet-Chilis gehören zu den schärfsten der Welt, deshalb sollten Sie unbedingt Einweghandschuhe tragen.
¼ Schote verleiht der Sauce kräftige Würze, eine ganze Schote macht sie sehr, sehr scharf.

ERDNUSSBUTTER-RIBS

4 EL cremige Erdnussbutter
250 ml Hühnerbrühe (am besten selbst gemacht)
125 ml ungesüßte Kokosmilch
2 EL (oder mehr) Sojasauce
2 EL (oder mehr) Limettensaft, frisch gepresst
1 EL thailändische Knoblauch-Chilisauce, z. B. Sriracha, oder eine scharfe Sauce nach Wahl
1 EL frischer Ingwer, geschält und fein gewürfelt
3 Knoblauchzehen, fein gewürfelt
1 ganze Frühlingszwiebel, geputzt und fein gehackt
1 EL brauner Zucker
schwarzer Pfeffer, frisch gemahlen
2 Leitern Baby Back Ribs vom Schwein (2–2 ½ kg)
Knoblauchpulver
15 g frischer Koriander, fein gehackt (zum Servieren)

Methode: indirektes Grillen
Weitere Vorbereitung: mindestens 4 Stunden zum Marinieren einplanen
Portionen: 4

Vor einiger Zeit veranstalteten wir auf www.barbecuebible.com einen *Lip-Smackin' Rib Recipe*-Wettbewerb. Vielleicht war es ja der Elvis-Faktor, aber eine erstaunliche Anzahl von Teilnehmern schickte Rezepte mit Erdnussbutter ein. Die Vorstellung ist nicht so seltsam, wie sie auf den ersten Blick erscheinen mag. In Südostasien wird Schweinefleisch oft mit einer Erdnusssauce serviert. In diesem Rezept betonen wir die herzhafte, nicht die süße, Qualität der Erdnussbutter, dank der Beigabe von Knoblauch, Ingwer und Sojasauce. Gleichzeitig dient die Sauce auch als Marinade. Inspiriert wurde dieses Rezept von unserem Zweitplatzierten, Renata Stanko. Ich habe ein bisschen an dem Rezept herumgefeilt (das tue ich immer), aber ich denke, Sie werden begeistert sein.

1 Die Erdnussbutter, die Hühnerbrühe, die Kokosmilch, die Sojasauce, den Limettensaft, die scharfe Sauce, den Ingwer, den Knoblauch, die Frühlingszwiebel, den Zucker und ¼ TL Pfeffer in einen großen, schweren, nicht reaktiven Topf geben und sorgfältig mischen. Bei mittlerer Hitze langsam aufkochen, dann die Temperatur leicht reduzieren und die Sauce 10–15 Minuten köcheln lassen, bis sie dick und aromatisch ist. Den Topf vom Herd nehmen und die Sauce abschmecken; ggf. mit Sojasauce, Limettensaft und/oder Pfeffer nachwürzen. Anschließend abkühlen lassen.

2 Vorbereitung der Ribs: Die Rippenleitern mit dem Fleisch nach unten auf ein Backblech legen. Das dünne, papierartige Häutchen auf der

Anmerkungen:
Da dieses Rezept einer asiatisch angehauchten Inspiration entsprungen ist, werden die Ribs nicht gesmokt, d. h., hier kommt Ihr Gasgrill zum Einsatz.

Bei Kokosmilch meine ich die ungesüßte Version, die man in Dosen inzwischen in den meisten Supermärkten erwerben kann. Sriracha ist eine Knoblauch-Chilisauce, die in Thailand so gegessen wird, wie wir Ketchup verwenden. Auch diese erhalten Sie in gut sortierten Supermärkten.

Knochenseite entfernen. Dazu ein dünnes Messer oder z. B. die Spitze des Fleischthermometers darunter schieben, um es zu lockern. Der beste Ausgangspunkt ist der Mittelknochen. Das Häutchen dann mit einem Küchenpapier oder einer breiten Pinzette festhalten und abziehen. Mit der anderen Leiter ebenso verfahren.

3 Die Ribs in eine nicht reaktive Auflaufform oder ähnliches legen und auf beiden Seiten kräftig mit Knoblauchpulver und Pfeffer einreiben. Die Hälfte der Erdnusssauce darüber geben und gut verteilen, sodass beide Seiten bedeckt sind. Den Rest der Sauce zum Moppen und Servieren abgedeckt in den Kühlschrank stellen.

4 Das Fleisch abgedeckt im Kühlschrank mindestens 4 Stunden oder besser über Nacht ziehen lassen. Dabei 3–4 Mal wenden. Je länger die Ribs in der Marinade ziehen, desto intensiver ist der Geschmack (man kann zum Marinieren auch große wiederverschließbare Plastikbeutel verwenden).

5 Den Grill für indirektes Grillen einrichten (siehe S. 41). Auf mittlere Hitze (160–180 °C) vorheizen. In die Mitte des Grills unter den Rost eine Tropfschale stellen.

6 Wenn alles bereit ist, den heißen Rost abbürsten und einölen. Die Ribs mit der Knochenseite nach unten in die Mitte des Rostes über die Tropfschale legen (ist der Grill klein, ggf. ein Rib Rack benutzen, siehe S. 52). Den Grill schließen und die Rippchen 45 Minuten garen.

7 Die Ribs nun auf beiden Seiten mit etwas Erdnusssauce bestreichen. Den Grill wieder schließen und die Rippchen weitere 30–45 Minuten grillen, bis sie schön braun, durchgegart und zart genug sind, um sie mit den Fingern zerteilen zu können. Das dauert insgesamt 1 ¼–1 ½ Stunden. Wenn die Ribs gar sind, hat sich das Fleisch ca. 6 mm vom Knochenende zurückgezogen. Das Fleisch in dieser Zeit noch 2–3 Mal mit der Sauce bestreichen. Bei einem Holzkohlegrill nach Bedarf Kohlen nachlegen.

8 Die Ribs auf einen großen Teller oder ein Schneidebrett legen, einige Minuten ruhen lassen und dann halbieren oder in einzelne Rippen zerteilen. Die restliche Sauce darüber gießen, alles mit dem Koriander bestreuen und sofort servieren.

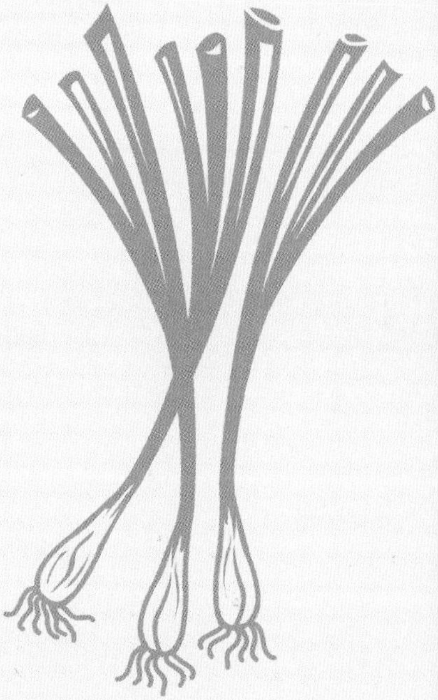

SCHOKOLADE-CHILI-RIBS VON COUSIN DAVE

3–6 eingelegte Chipotle-Chilis mit 1 EL ihres Safts
½ mittelgroße Zwiebel, grob gehackt
2 Knoblauchzehen, grob gehackt
15 g frischer Koriander, fein gehackt + 15 g zum Servieren
15 g halbsüße Schokolade, geraspelt oder gehackt
2 Streifen frische Zitronenschale (ca. 1 x 4 cm), grob gehackt
2 EL brauner Zucker
1 EL Chilipulver (z. B. aus Poblano-Chilis)
2 TL grobes Salz (Meersalz oder koscheres Salz)
1 TL Zitronenpfeffer
2–3 EL Pflanzenöl
2 Leitern Baby Back Ribs vom Schwein (2–2 ½ kg)
Limettenspalten zum Servieren

Sie benötigen weiterhin:

1 ½ Tassen Holzchips oder -Chunks (am besten Eiche), 1 Stunde eingeweicht und dann abgetropft

Methode: indirektes Grillen
Weitere Vorbereitung: mindestens 4 Stunden zum Marinieren einplanen
Portionen: 4

Mein Cousin Dave ist der zweite professionelle Grillmeister in unserer Familie – tagsüber arbeitet er als Professor für Anthropologie an der Universität, abends und am Wochenende verwandelt er sich in einen Grillfanatiker (er finanzierte sein Studium in Austin, Texas, zum Teil damit, ganze Schweine für Hochzeiten oder große Feste zu smoken). Dave trug das fantastische *Grill-Top-Shrimp* „Boil" Rezept zu meinem Buch *BBQ USA* bei und so war klar, dass ich ihn auch in Bezug auf Ribs konsultieren würde. Zusammen mit seinem Barbecuekumpel Russ Glass entwickelte er diese Rippchen mit Chipotle und Schokolade, was erst einmal ziemlich absurd klingt, bis man bedenkt, dass Chilis und Schokolade die Grundlagen der klassisch mexikanischen Sauce *Mole Poblano* sind.

1 Die Chilis und deren Einlegesaft, die Zwiebel, den Knoblauch, 15 g Koriander, die Schokolade, die Zitronenschale, den braunen Zucker, das Chilipulver, das Salz und den Zitronenpfeffer in einem Mixer fein pürieren. Gerade genug Öl hinzugeben, dass eine dicke Paste entsteht.

2 Vorbereitung der Ribs: Die Rippenleitern mit dem Fleisch nach unten auf ein Backblech legen. Das dünne, papierartige Häutchen auf der Knochenseite entfernen. Dazu ein dünnes Messer oder z. B. die Spitze des Fleischthermometers darunter schieben, um es zu lockern. Der beste Ausgangspunkt ist der Mittelknochen. Das Häutchen mit einem Küchenpapier oder einer breiten Pinzette festhalten und abziehen. Mit der anderen Leiter ebenso verfahren.

3 Die Chipotlepaste mit einem Küchenspatel aus Gummi auf beide Seiten der Rippchen auftragen und verteilen. Das Fleisch abgedeckt im Kühlschrank mindestens 4 Stunden oder besser über Nacht ziehen lassen. Je länger die Ribs in der Marinade ziehen, desto intensiver ist der Geschmack.

4 Den Grill für indirektes Grillen einrichten (siehe S. 41). Auf mittlere Hitze (160–180 °C) vorheizen. In die Mitte des Grills unter den Rost eine Tropfschale stellen. (Hinweise zum Smoken auf einem Gasgrill finden Sie auf S. 44).

5 Wenn alles bereit ist, den heißen Rost abbürsten und einölen. Die Ribs mit der Knochenseite nach unten in die Mitte des Rostes über die Tropfschale legen (ist der Grill klein, ggf. ein Rib Rack benutzen, siehe S. 52). Bei einem Holzkohlegrill jeweils die Hälfte der Holzchips auf jeden Kohlehaufen geben. Den Grill schließen und die Rippchen garen, bis sie schön braun, durchgegart und zart genug sind, um sie mit den Fingern zerteilen zu können. Das dauert insgesamt 1 ¼–1 ½ Stunden. Wenn die Ribs gar sind, hat sich das Fleisch ca. 6 mm vom Knochenende zurückgezogen. Bei einem Holzkohlegrill nach Bedarf Kohlen nachlegen.

8 Die Ribs auf einen großen Teller oder ein Schneidebrett legen, einige Minuten ruhen lassen und dann halbieren oder in einzelne Rippen zerteilen. Mit dem Koriander bestreuen und zusammen mit den Limettenspalten servieren.

Tipps!

Chipotle-Chilis (geräucherte Jalapeños) können Sie eingelegt oder getrocknet kaufen. Hier empfehle ich tatsächlich einmal die eingelegte Variante und zwar aus einem einfachen Grund: Chipotles werden in einer scharfen Essigsauce, Adobo, eingelegt und haben viel mehr Geschmack als getrocknete.

Wie bei jedem anständigen TexMex-Barbecue schmecken auch diese Ribs am besten mit Rauch. Idealerweise sollten Sie daher einen Holzkohlegrill oder einen Smoker verwenden.

Variation

Schokolade-Chili-Ribs im Smoker zubereiten:

Den Smoker nach Herstellerangaben vorbereiten und auf 110–120 °C vorheizen (weitere Hinweise zu Smokern auf S. 48). Die Ribs mit der Knochenseite nach unten hineinlegen und 4–5 Stunden garen. Nach der ersten und zweiten Stunde Holzchips nachlegen und die Kohlen nach Bedarf auffüllen.

HULI-HULI-ROTISSERIE-RIBS

Für den Rub und die Ribs:
1 EL grobes Salz (Meersalz oder koscheres Salz)
1 EL Zucker
1 TL schwarzer Pfeffer, frisch gemahlen
1 TL Ingwerpulver
1 TL Knoblauchpulver
1 TL frischer oder gefriergetrockneter Schnittlauch
2 Leitern Baby Back Ribs vom Schwein (2–2 ½ kg)
2 EL dunkles Sesamöl

Für die Glace:
500 ml Ananassaft
250 ml Sojasauce
125 ml Honig
6 EL brauner Zucker
60 ml Limettensaft, frisch gepresst
2 EL Thai-Chilisauce
2 Knoblauchzehen, leicht zerdrückt
2 Scheiben frischer Ingwer (je 6 mm), geschält und zerdrückt
2 Frühlingszwiebeln, der weiße Teil zerdrückt, der grüne Teil fein gehackt

Methode: am Spieß grillen
Weitere Vorbereitung: keine
Portionen: 4

Der Drehspieß eignet sich perfekt zur Zubereitung zäher, fetter Fleischstücke wie Rippchen. Durch die indirekte Hitze schmilzt das Fett ab und weicht das feste Bindegewebe auf. Durch die konstante Drehbewegung wird das Fleisch im eigenen Saft „gebadet“ und bleibt schön saftig und unvergleichlich lecker. Zahlreiche europäische Grillkulturen, von den Italienern über die Franzosen bis zu den Griechen würden mir da zustimmen. Amerikas bekanntestes Spießgericht ist *Huli-Huli-Chicken* (*Huli* stammt aus dem Hawaiianischen und bedeutet „sich drehen“). Dieses Gericht ist die Inspiration für das folgende Rezept. Seine polynesischen Wurzeln offenbaren sich in der Glace, einer salzig-süßen, fruchtigen Mischung aus Sojasauce, Honig und Ananassaft, die dem Fleisch eine lackähnliche Oberfläche verleiht.

1 Zubereitung des Rubs: Das Salz, den Zucker, den Pfeffer, den Ingwer, den Knoblauch und den Schnittlauch in eine kleine Schüssel geben und mit den Fingern sorgfältig mischen, sodass keine Klumpen zu sehen sind.

2 Vorbereitung der Ribs: Die Rippenleitern mit dem Fleisch nach unten auf ein Backblech legen. Das dünne, papierartige Häutchen auf der Knochenseite entfernen. Dazu ein dünnes Messer oder z. B. die Spitze des Fleischthermometers darunter schieben, um es zu lockern. Der beste Ausgangspunkt ist der Mittelknochen. Das Häutchen mit einem Küchenpapier oder einer breiten Pinzette festhalten und abziehen. Mit der anderen Leiter ebenso verfahren.

Tipps!

Der Trick bei diesem Rezept ist, die Ribs richtig auf den Spieß aufzuziehen. In Schritt 5 erhalten Sie entsprechende Anweisungen. Manche Drehspieße verfügen über einen flachen Drahtkorb. In diesem Fall halbieren Sie die Leitern und grillen die Ribs im Korb.

Sie können das Rezept auf einem Holzkohle- oder Gasgrill zubereiten. Falls Sie keinen Drehspieß besitzen, finden Sie auf der nächsten Seite Anweisungen zum indirekten Grillen.

3 Das Fleisch auf beiden Seiten mit dem Sesamöl bepinseln und mit dem Rub bestreuen. Anschließend in Frischhaltefolie einwickeln und bis zur Verwendung kaltstellen.

4 Zubereitung der Glace: Den Ananassaft in einem schweren, nicht reaktiven Topf bei starker Hitze auf die Hälfte einkochen lassen. Die Temperatur reduzieren und die Sojasauce, den Honig, den braunen Zucker, den Limettensaft, die Chilisauce, den Knoblauch, den Ingwer sowie das Weiße der Frühlingszwiebeln dazugeben und sorgfältig verrühren. Bei mittlerer Hitze etwa 5 Minuten einkochen, bis die Sauce sirupartig ist.

5 Nun das Fleisch auf den Spieß aufziehen. Dazu eine Rippenleiter mit der Knochenseite nach unten auf die Arbeitsfläche legen. Mit einem schmalen, scharfen Messer ein Loch in das Fleisch zwischen jeder zweiten Rippe bohren. Das Messer dabei vorsichtig drehen, damit die Löcher etwas größer werden. Mit der zweiten Rippenleiter ebenso verfahren. Das Fleisch anschließend wie eine Ziehharmonika auf den Spieß fädeln.

6 Den Grill nach Herstellerangaben für das Grillen mit dem Drehspieß einrichten und stark erhitzen. Falls Sie mit Holzkohle grillen, die Temperatur mit dem Mississippi-Test prüfen (siehe S. 41). Direkt unter den Drehspieß eine große Tropfschale stellen.

7 Wenn alles bereit ist, den Spieß in den Drehmechanismus einhängen, den Motor anschalten und den Grill schließen. Das Fleisch 40–60 Minuten (abhängig von der Größe) garen, bis es goldbraun, durchgegart und ganz zart ist. Wenn die Ribs gar sind, hat sich das Fleisch ca. 6 mm vom Knochenende zurückgezogen. Die Rippchen in den letzten 15 Minuten der Garzeit mehrmals mit der Glace bestreichen.

8 Den Spieß aus dem Grill nehmen, auf ein Schneidebrett legen und vorsichtig herausziehen. Das Fleisch einige Minuten ruhen lassen. Die Ribs dann halbieren oder in einzelne Rippen zerteilen. Mit einer Gabel die Knoblauch-, Ingwer- und Frühlingszwiebelstücke aus der Glace entfernen und den Rest über das Fleisch träufeln. Anschließend mit dem Frühlingszwiebelgrün bestreuen und sofort servieren.

Variation

Huli-Huli-Ribs indirekt grillen:
Den Grill für indirektes Grillen einrichten (siehe S. 41). Auf mittlere Hitze (160–180 °C) vorheizen. Die Ribs mit der Knochenseite nach unten auf den Rost legen und 1 ¼–1 ½ Stunden garen. Nach Bedarf können Holzchips eingesetzt werden.

BRASILIANISCHE KOKOSNUSS-ROTISSERIE-RIBS MIT PIRI-PIRI-RELISH

½ grüne Paprikaschote, Samen entfernt, in 1-cm-Stücke geschnitten (die andere Hälfte für das Piri-Piri-Relish aufheben)
½ mittelgroße Zwiebel, geschält, in 1-cm-Stücke geschnitten (die andere Hälfte für das Piri-Piri-Relish aufheben)
3 Knoblauchzehen, geschält, halbiert
1 Stück (1 cm) frischer Ingwer, in 5 mm dicke Scheiben geschnitten
2 TL grobes Salz (Meersalz oder koscheres Salz)
1 TL schwarzer Pfeffer, frisch gemahlen
3 EL Limettensaft, frisch gepresst
125 ml ungesüßte Kokosmilch oder 60 ml Natives Olivenöl Extra
1 Bund frischer Koriander oder glattblättrige Petersilie, abgespült und trocken geschüttelt, Stiele entfernt und fein gehackt
2 Leitern Baby Back Ribs vom Schwein (2–2 ½ kg)
Piri-Piri-Relish (Rezept folgt)

Methode: am Spieß grillen
Weitere Vorbereitung: mindestens 4 Stunden für das Marinieren einplanen
Portionen: 4

Als ich mit der Schreiberei über das Grillen begann, bekam man echtes brasilianisches Churrasco nur in Brasilien. Heute schießen Churrascarias (brasilianische Steakhäuser) wie Pilze aus dem Boden. Verkörpert werden sie in Amerika von Restaurantketten wie *Fogo de Chao*. Im Zentrum des Ganzen befindet sich der Rodizio, ein genialer, an der Wand befestigter Grill mit mehreren Spießen, die sich senkrecht vor einer Metallwand über einem Holzkohlebecken erstrecken. Die Fleischspieße, groß wie Schwerter, werden aus der Küche direkt zum Tisch getragen, wo der Gast sein Fleisch frisch abgeschnitten bekommt.

Einen brasilianischen Drehgrill zu Hause nachzubauen würde zehntausende Dollar kosten (nicht, dass das einige enthusiastische Pitmaster abgehalten hätte). Sie können aber mit Ihren Ribs einen ähnlichen Effekt erzielen, wenn Sie diese am Drehspieß Ihres Grills zubereiten. Auch wenn es in den USA noch nicht weit verbreitet ist, ist das Grillen am Drehspieß doch eine ideale Zubereitungsmethode: durch die seitliche Hitze schmilzt das Fett sanft ab, ohne dass es in der Glut aufflammt. Gleichzeitig wird das Fleisch durch die langsame Drehung im eigenen Saft gebadet. Die Kokos-Limettenmarinade verleiht dem Fleisch eine zusätzliche Geschmacksnuance, ohne aufdringlich zu sein. (Falls Sie keinen Drehspieß besitzen, finden Sie auf der nächsten Seite Anweisungen zum indirekten Grillen.)

1 Die Paprika, die Zwiebel, den Knoblauch, den Ingwer, das Salz und den Pfeffer in einem Mixer stoßweise zu einer groben Paste pürieren. Nach und nach bei laufendem Motor, auf kleinster Stufe, den Limettensaft und die Kokosmilch dazugeben. Anschließend die Hälfte des Korianders hineingeben und sanft mischen. Den restlichen Koriander zum Servieren beiseitestellen.

Tipp!

Kokosmilch ist die Sahne der Tropen und verleiht den Ribs eine wunderbare Konsistenz und ein sanftes Kokosaroma. Kokosmilch ist einfach zu verwenden und in jedem gut sortierten Supermarkt erhältlich. Sie stammt oft aus Brasilien, Puerto Rico oder Thailand (dort wo ich einkaufe, bekomme ich meist die Version aus Thailand). Kaufen Sie unbedingt ungesüßte Kokosmilch, keine Kokoscreme! Falls Sie tatsächlich keine Kokosmilch finden, können Sie stattdessen Olivenöl verwenden. Es hinterlässt ein ähnliches Gefühl im Mund und die weiteren Zutaten der Marinade sorgen für hinreichend Geschmack.

Variation

Brasilianische Ribs indirekt grillen:

Den Grill für indirektes Grillen einrichten (siehe S. 41). Auf mittlere Hitze (160–180 °C) vorheizen. Die Ribs mit der Knochenseite nach unten auf den Rost legen und 1 ¼–1 ½ Stunden garen. Holzchips werden nicht benötigt, da Raucharoma kein Teil der brasilianischen Küche ist.

2 Vorbereitung der Ribs: Die Rippenleitern mit dem Fleisch nach unten auf ein Backblech legen. Das dünne, papierartige Häutchen auf der Knochenseite entfernen. Dazu ein dünnes Messer oder z. B. die Spitze des Fleischthermometers darunter schieben, um es zu lockern. Der beste Ausgangspunkt ist der Mittelknochen. Das Häutchen mit einem Küchenpapier oder einer breiten Pinzette festhalten und abziehen. Mit der anderen Leiter ebenso verfahren.

3 Die Ribs in eine nicht reaktive Auflaufform oder ähnliches legen, die Marinade darüber geben und gut verteilen, sodass beide Seiten bedeckt sind. Das Fleisch abgedeckt im Kühlschrank mindestens 4 Stunden ziehen lassen. Dabei 3–4 Mal wenden. Je länger die Ribs in der Marinade ziehen, desto intensiver ist der Geschmack (man kann zum Marinieren auch große wiederverschließbare Plastikbeutel verwenden).

4 Die Ribs sorgfältig abtropfen lassen und dann auf den Spieß aufziehen. Dazu eine Rippenleiter mit der Knochenseite nach unten auf die Arbeitsfläche legen. Mit einem schmalen, scharfen Messer ein Loch in das Fleisch zwischen jeder zweiten Rippe bohren. Das Messer dabei vorsichtig drehen, damit die Löcher etwas größer werden. Mit der zweiten Rippenleiter ebenso verfahren. Nun das Fleisch wie eine Ziehharmonika auf den Spieß fädeln.

5 Den Grill nach Herstellerangaben für das Grillen mit dem Drehspieß einrichten und stark erhitzen. Falls Sie mit Holzkohle grillen, die Temperatur mit dem Mississippi-Test prüfen (siehe S. 41). Direkt unter den Drehspieß eine große Tropfschale stellen.

6 Wenn alles bereit ist, den Spieß in den Drehmechanismus einhängen, den Motor anschalten und den Deckel schließen. Das Fleisch 40–60 Minuten (abhängig von der Größe) garen, bis es goldbraun, durchgegart und ganz zart ist. Wenn die Ribs gar sind, hat sich das Fleisch ca. 6 mm vom Knochenende zurückgezogen.

7 Den Spieß aus dem Grill nehmen, auf ein Schneidebrett legen und vorsichtig aus dem Fleisch ziehen. Das Fleisch einige Minuten ruhen lassen. Die Ribs dann halbieren oder in einzelne Rippen zerteilen. Etwas Piri-Piri-Relish darüber geben, mit dem restlichen Koriander bestreuen und sofort servieren.

PIRI-PIRI-RELISH

Piri-Piris sind kleine, höllisch scharfe Chilischoten, die in Brasilien und anderen ehemaligen portugiesischen Kolonien sehr beliebt sind. Sie finden sie in eingelegter Form in gut sortierten Supermärkten oder lateinamerikanischen Lebensmittelgeschäften. Alternativ können Sie es auch mit eingelegten Cayennepfefferschoten probieren (in den Südstaaten der USA werden diese in zahlreichen Barbecue-Lokalen verwendet) oder gar mit frischen Jalapeños bzw. Serrano-Chilis.

Ergibt ca. 250 ml

- 1 große oder 2 mittelgroße reife Tomaten, Samen entfernt und fein gehackt
- ½ grüne Paprikaschote, fein gehackt
- ½ mittelgroße Zwiebel, fein gehackt
- 2–4 Piri-Piri-Chilis oder andere frische oder eingelegte scharfe Chilis, fein gehackt
- 3 EL frischer Koriander oder glattblättrige Petersilie, fein gehackt
- 3 EL (oder mehr) Limettensaft, frisch gepresst
- 3 EL Natives Olivenöl Extra
- grobes Salz (Meersalz oder koscheres Salz) und frisch gemahlener schwarzer Pfeffer

Die Tomate, die Paprika, die Zwiebel, die Chilis, den Koriander, den Limettensaft und das Olivenöl in einer Schüssel mischen. Mit Salz, Pfeffer und ggf. weiterem Limettensaft abschmecken.

Tipp!

Sie können das Relish bereits 6 Stunden vor der Verwendung zubereiten und abgedeckt im Kühlschrank aufbewahren. In diesem Fall müssen Sie es jedoch noch einmal abschmecken.

SAUERKRAUT-RIBS MIT RAUCHBIER-BARBECUESAUCE

2 Leitern Baby Back Ribs vom Schwein (2–2 ½ kg)
grobes Salz (Meersalz oder koscheres Salz) und frisch gemahlener schwarzer Pfeffer
75 ml Dijonsenf
1 kg Sauerkraut, sorgfältig abgetropft
6 Wacholderbeeren, leicht zerdrückt, oder 60 ml Gin
250 ml Rauchbier, Ale oder Pils (siehe Anmerkung)
Rauchbier-Barbecuesauce (Rezept folgt)

Sie benötigen weiterhin:
Alufolie

Anmerkung:
Falls Sie kein Rauchbier verwenden, geben Sie ½–1 TL Flüssigrauch in ein Bier Ihrer Wahl. Mehr über Rauchbier erfahren Sie auf Seite 115.

Methode: erst in Folie schmoren, dann direkt grillen
Weitere Vorbereitung: keine
Portionen: 4

Ich gebe zu, ich war sehr skeptisch, als ich zum ersten Mal von dieser seltsamen Zubereitungsmethode hörte. Klar, mit Alufolie halten wir Rippchen nach dem Grillen warm (oder verhindern, dass sie verbrennen). Ribs jedoch in Folie auf dem Grill zu schmoren und sie erst zu grillen, wenn sie bereits gegart sind, nun, das klingt ein bisschen wie Schummelei. Nichtsdestotrotz haben auch diese unkonventionellen Zubereitungsmethoden ihren Platz. Zudem kann ich mir keine bessere Methode vorstellen, den kräftigen elsässisch-deutschen Geschmack von Sauerkraut hervorzuheben, als mit auf dem Grill gegarten Schweinerippen.

1 Vorbereitung der Ribs: Die Rippenleitern mit dem Fleisch nach unten auf ein Backblech legen. Das dünne, papierartige Häutchen auf der Knochenseite entfernen. Dazu ein dünnes Messer oder z. B. die Spitze des Fleischthermometers darunter schieben, um es zu lockern. Der beste Ausgangspunkt ist der Mittelknochen. Das Häutchen mit einem Küchenpapier oder einer breiten Pinzette festhalten und abziehen. Mit der anderen Leiter ebenso verfahren.

2 Das Fleisch auf beiden Seiten großzügig mit Salz und Pfeffer einreiben. Anschließend den Senf mit einem Küchenspatel auftragen und verteilen.

3 Zwei große Stücke Alufolie übereinander auf die Arbeitsfläche legen, mit der glänzenden Seite nach unten. In die Mitte der Folie 250 g Sauerkraut geben und so verteilen, dass eine Rippenleiter darauf passt. Diese mit der Knochenseite nach unten auf das Sauerkraut legen.
Nun 250 g Sauerkraut auf der Leiter verteilen und 3 Wacholderbeeren darauf legen bzw. das Ganze mit 1–2 EL Gin beträufeln. Die Ränder der Alufolie so falten, dass keine Flüssigkeit herauslaufen kann und das Fleisch mit 125 ml Bier begießen. Anschließend die Folie über den Ribs so zusammenfalten, dass das Fleisch fest eingeschlossen ist. Mit der anderen Leiter ebenso verfahren.

Tipps!

Dieses Rezept eignet sich hervorragend für den Gasgrill. Schließlich sind die Ribs in Alufolie gewickelt und würden ohnehin kein Raucharoma annehmen.

Wacholderbeeren sind lilafarbene, getrocknete Beeren mit einem harzigen Geschmack, der das fette Schweinefleisch perfekt ausbalanciert. In ganz Europa werden sie gerne mit Sauerkraut kombiniert. Wacholder ist ein Hauptbestandteil im Gin; falls Sie also keine Wacholderbeeren finden sollten, nehmen Sie stattdessen ein paar Esslöffel Gin.

Das Sauerkraut kaufen Sie am besten frisch aus dem Fass. Gibt es das nicht, schmeckt das Sauerkraut aus Gläsern besser als das aus Dosen.

4 Den Grill für indirektes Grillen einrichten (siehe S. 41). Auf mittlere Hitze (160–180 °C) vorheizen.

5 Die Folienpakete in die Mitte des Grillrostes legen. Den Grill schließen und die Ribs 2 ½–3 Stunden garen, bis sie durchgegart und zart sind. Nach Bedarf Kohlen nachlegen.

6 Die Folienpakete einige Minuten abkühlen lassen und die Ribs anschließend auswickeln (auf den heißen Dampf aufpassen!). Die Flüssigkeit des Sauerkrauts durch ein Sieb abgießen, dabei 250 ml auffangen. Die Ribs in einen Bräter legen, auf Raumtemperatur abkühlen lassen und dann bis zum Grillen abgedeckt im Kühlschrank aufbewahren. Das Ganze kann bis zu 2 Tage im Voraus zubereitet werden.

7 Den Grill für direktes Grillen einrichten (siehe S. 36). Auf starke Hitze vorheizen; die Temperatur anhand des Mississippi-Tests (siehe S. 41) prüfen.

8 Wenn alles bereit ist, den heißen Rost abbürsten und einölen. Die Ribs auf beiden Seiten mit der Rauchbier-Barbecuesauce einpinseln und mit der Fleischseite nach unten direkt über der Glut platzieren (bei einem Gasgrill alle Brenner auf Maximum stellen). Auf jeder Seite 1–3 Minuten (3–5 Minuten, falls die Ribs im Voraus vorbereitet wurden und noch kalt sind) grillen, bis die Rippchen schön braun und durchgewärmt sind. Dabei immer wieder mit der Sauce bepinseln.

9 Die Ribs auf einen großen Teller oder ein Schneidebrett legen und halbieren oder in einzelne Rippen zerteilen. Anschließend zum Warmhalten mit Alufolie abdecken. Das Sauerkraut in einer Tropfschale auf dem Grill oder in einem Topf auf dem Herd erneut aufwärmen. Die Ribs zum Servieren mit der restlichen Barbecuesauce übergießen, als Beilage das Sauerkraut reichen und alles mit dem aufgefangenen Sauerkrautsaft beträufeln.

RAUCHBIER-BARBECUESAUCE

Sauerkraut und Bier ist eine der klassischen mitteleuropäischen Geschmackskombinationen. Das perfekte Bier dafür ist vermutlich das deutsche Rauchbier, ein kräftiges Schwarzbier aus geräucherter Gerste, das tatsächlich nach Rauch schmeckt. Sollten Sie kein Rauchbier erhalten, können Sie im Zweifelsfall auch ein gutes dunkles Bier verwenden und einen Schuss Flüssigrauch dazugeben.

Ergibt ca. 370 ml

3 EL Butter
1 mittelgroße Zwiebel, fein gehackt
1 Knoblauchzehe, fein gewürfelt
250 ml Rauchbier
60 ml Ketchup
60 ml Melasse
60 ml Worcestershiresauce
3 EL Dijonsenf
2 EL (oder mehr) brauner Zucker
1 TL Rotweinessig oder Branntweinessig
½–1 TL Flüssigrauch (falls kein Rauchbier verwendet wird)
grobes Salz (Meersalz oder koscheres Salz) und frisch gemahlener schwarzer Pfeffer

1 Die Butter bei mittlerer Hitze in einem Topf schmelzen. Die Zwiebel darin 4–6 Minuten goldbraun braten. Nach 2 Minuten den Knoblauch dazugeben und ggf. die Hitze reduzieren, damit nichts verbrennt.

2 Das Bier hinzugeben und auf die Hälfte einkochen lassen. Anschließend den Ketchup, die Melasse, die Worcestershiresauce, den Senf, den braunen Zucker, den Essig und ggf. den Flüssigrauch unterrühren. Die Sauce bei mittlerer Hitze 6–10 Minuten köcheln lassen, bis sie dick und aromatisch ist. Dabei mit einem Holzlöffel häufig rühren. Anschließend mit Salz und Pfeffer abschmecken und nach Bedarf mit mehr braunem Zucker und/oder Flüssigrauch nachwürzen. Die Sauce sollte kräftig gewürzt sein. Vor dem Servieren auf Raumtemperatur abkühlen lassen. Abgedeckt im Kühlschrank hält sich die Sauce mindestens eine Woche. Vor der Verwendung wieder auf Raumtemperatur erwärmen.

BAD-TO-THE-BONE-RIBS MIT RAZOR-BONE-SAUCE

Für den Rub und die Ribs:
2 EL dunkler Rohrzucker
1 EL edelsüßes Paprikapulver
1 ½ TL Knoblauchsalz
1 ½ TL Zwiebelpulver
1 TL Zitronenpfeffer
½ TL schwarzer Pfeffer, geschrotet
1 ½ TL weißer Pfeffer
1 TL Senfpulver
¼ TL Selleriesamen
2 Leitern Baby Back Ribs vom Schwein (2–2 ½ kg) oder Spareribs im St.-Louis-Cut (siehe S. 18)
125 ml Zitronensaft (aus 3 Zitronen), frisch gepresst

Zum Bestreichen:
55 g ungesalzene Butter, auf Raumtemperatur
4 EL Rohrzucker
75 ml Honig
75 ml Apfelsaft
Razor-Bone-Sauce (Rezept folgt)

Sie benötigen weiterhin:
1 saubere Sprühflasche (optional)
3–4 Tassen Holzchips oder -Chunks (am besten Hickory), 1 Stunde eingeweicht und dann abgetropft
Alufolie

Methode: erst im Holzkohlegrill smoken, dann direkt grillen
Weitere Vorbereitung: mindestens 1 Stunde zum Marinieren einplanen
Portionen: 4

Im Laufe der vielen Jahre, die das *Bad-to-the-Bone-Barbecue-Team* an Wettbewerben teilgenommen hat, gewann es zahlreiche bedeutende Regionaltitel. Und jedes Jahr kamen die Team-Gründer Robert und Pam Satterfield dem begehrten ersten Platz beim *American Royal* in Kansas City ein Stück näher. Wenn man ihre Ribs probiert, weiß man auch warum. Die Satterfields arbeiten mit einem dreistufigen Garprozess. Zuerst werden die Ribs im Smoker low and slow gegart, damit sie Raucharoma annehmen. Dann werden sie mit einer Mischung aus Apfelsaft, braunem Zucker und selbst produziertem Honig eingepinselt, in Alufolie gewickelt und geschmort, damit die Fleischfasern weich werden. Zu guter Letzt kommt das Fleisch direkt über die Glut, wodurch sich eine knusprige, karamellisierte Kruste bildet. Das Ergebnis sind klebrig süße, sehr rauchige Ribs in der besten Tradition Arkansas'.

Und das ist alles? Höchstwahrscheinlich nicht, denn kein Barbecue-Team, das etwas auf sich hält, lässt sich so leicht in die Karten schauen. Hier ist meine Version, mit der Sie bei der nächsten Grillparty garantiert Ihre Gäste beeindrucken werden.

1 Zubereitung des Rubs: Den Rohrzucker, das Paprikapulver, das Knoblauchsalz, das Zwiebelpulver, den Zitronenpfeffer, beide Pfeffersorten, das Senfpulver und die Selleriesamen in eine kleine Schüssel geben und mit den Fingern sorgfältig mischen, sodass keine Klumpen zu sehen sind. 1 EL Rub für die Barbecuesauce beiseitestellen.

2 Vorbereitung der Ribs: Die Rippenleitern mit dem Fleisch nach unten auf ein Backblech legen. Das dünne, papierartige Häutchen auf der Knochenseite entfernen. Dazu ein dünnes Messer oder z. B. die Spitze des Fleischthermometers darunter schieben, um es zu lockern. Der beste Ausgangspunkt ist der Mittelknochen. Das Häutchen mit einem Küchenpapier oder einer breiten Pinzette festhalten und abziehen. Mit der anderen Leiter ebenso verfahren. Anschließend das Fleisch entlang der Knochen mit einer Gabel einstechen, damit der Rub besser einziehen kann.

Tipps!

Die Satterfields haben eine interessante Theorie bezüglich Holzrauch, für den sie eine 3-1-Mischung aus getrocknetem und grünem Hickoryholz verwenden. Laut Robert verleiht das grüne Holz dem Fleisch Geschmack, während das getrocknete für den dunklen, rauchigen Farbton sorgt. Keines von beidem sollte jedoch dominant sein.

Sollten Sie einen Smoker besitzen, ist dies das richtige Rezept, um ihn anzuheizen. *Bad-to-the-Bone* arbeiten mit einem JR-Wassersmoker. Eine weitere gute Option ist beispielsweise der Weber Smokey Mountain.

3 Die Ribs nebeneinander auf ein Backblech legen. Den Zitronensaft ggf. in eine Sprühflasche füllen und das Fleisch auf beiden Seiten gründlich damit einsprühen. Alternativ die Ribs mit dem Zitronensaft einpinseln oder begießen, sodass beide Seiten bedeckt sind. Den überschüssigen Zitronensaft vom Backblech abgießen.

4 Den Rub auf dem Fleisch verteilen und auf beiden Seite kräftig einreiben. Anschließend fest in Frischhaltefolie einwickeln und kaltstellen. Mindestens 1 Stunde (bis zu 4 Stunden) ziehen lassen. Je länger der Rub einwirken kann, desto intensiver ist der Geschmack.

5 Den Holzkohlegrill für das Smoken einrichten (siehe S. 42) und auf niedrige Temperatur (110–120 °C) vorheizen; dazu die Hälfte der üblichen Kohlenmenge verwenden. Eine große Tropfschale in die Mitte des Grills unter den Rost stellen.

6 Wenn alles bereit ist, den heißen Rost abbürsten und einölen. Wasser ca. 3 cm hoch in die Tropfschale gießen (jedes Mal auffüllen, wenn das Wasser unter 1 cm sinkt). Die Ribs mit der Knochenseite nach unten in die Mitte des Rostes über die Tropfschale legen (ist der Grill klein, ggf. ein Rib Rack benutzen, siehe S. 52). Auf jeden Kohlehaufen ½ Tasse Holzchips geben. Den Grill schließen und die Rippchen 3 Stunden smoken, bis sie leicht gebräunt und halb durchgegart sind. Dabei jede Stunde 1 Tasse Holzchips sowie Kohlen nachlegen.

7 Die Ribs vom Grill nehmen; die Glut soll jedoch weiter glühen. Zwei Stücke Alufolie übereinander auf die Arbeitsfläche legen, mit der glänzenden Seite nach unten. Eine Rippenleiter mit der Knochenseite nach unten in die Mitte legen und die Seiten der Folie so falten, dass keine Flüssigkeit austreten kann. Mit der zweiten Rippenleiter ebenso verfahren. Nun die Ribs jeweils mit der Hälfte der Butter bestreichen sowie die Hälfte des Rohrzuckers darüber streuen. Dann mit der Hälfte des Honigs beträufeln und zu guter Letzt die Hälfte des Apfelsaftes darüber gießen. Die Folienpakete anschließend sorgfältig verschließen.

8 Die Folienpakete in die Mitte des Grillrostes legen, den Grill wieder schließen und die Ribs weitere 1–2 Stunden grillen, bis sie vollständig durchgegart und zart sind; 4–5 Stunden insgesamt. Wenn die Ribs gar sind, hat sich das Fleisch ca. 6 mm vom Knochenende zurückgezogen. Kohlen nach Bedarf nachlegen. Achtung, beim Prüfen des Garzustandes auf den heißen Dampf achten!

9 Die gegarten Rippchen vorsichtig auswickeln. Prüfen Sie, ob die Kohlen noch heiß genug sind, dann das Fleisch direkt über der Glut platzieren und mit etwas Razor-Bone-Sauce bestreichen. Auf jeder Seite 1–3 Minuten grillen, bis die Rippchen außen schön braun sind und brutzeln.

10 Die Ribs auf einen großen Teller oder ein Schneidebrett legen, einige Minuten ruhen lassen und dann halbieren oder in einzelne Rippen zerteilen. Sofort mit der Razor-Bone-Sauce servieren.

Variation

Bad-to-the-Bone-Ribs im Smoker zubereiten:

Den Smoker nach Herstellerangaben vorbereiten und auf 110–120 °C vorheizen (weitere Hinweise zu Smokern auf S. 48). Die Ribs mit der Knochenseite nach unten hineinlegen und 3–4 Stunden garen. Jede Stunde 1 Tasse Holzchips und ggf. weitere Kohlen nachlegen.

Die Ribs anschließend aus dem Smoker nehmen und gemäß der Anweisungen in Schritt 7 einwickeln. Die Folienpakete zurück in den Smoker legen und weitere 1–2 Stunden garen. Nach Bedarf Kohlen auffüllen.

Falls Ihr Smoker in der Firebox einen Grillrost hat, diesen auf hohe Temperatur vorheizen. Das Fleisch auswickeln, direkt über das Feuer legen und mit etwas Razor-Bone-Sauce bestreichen. Auf jeder Seite 1–3 Minuten grillen, bis die Rippchen schön braun sind und brutzeln. Sollte diese Option nicht bestehen, die Ribs nach 1 Stunde auswickeln, mit Sauce bestreichen und weitere 30–60 Minuten garen.

RAZOR-BONE-SAUCE

250 ml Barbecuesauce auf Tomatenbasis
125 ml Barbecuesauce auf Tomatenbasis mit Rauchnote
60 ml Apfelsaft
2 EL Honig
2 EL Rohrzucker
2 EL Apfelessig
ca. 2 TL Rub (bei den Bad-to-the-Bone-Ribs zurückgehalten)

Ich bezeichne Saucen wie diese klebrig-süße als „Schummel"-Saucen, da sie durch das Aufwerten zweier kommerzieller Barbecuesaucen mit Apfelsaft, Honig und Gewürzen entstehen. Sollte tatsächlich etwas übrig bleiben, schmeckt die Sauce auch köstlich zu gegrilltem bzw. gesmoktem Huhn oder Schweinefilet.

Ergibt ca. 370 ml

Die Barbecuesaucen, den Apfelsaft, den Honig, den Zucker, den Essig und den Rub in einen nicht reaktiven Topf geben und sorgfältig verrühren. Bei sanfter Hitze ca. 10 Minuten köcheln lassen, bis die Sauce dick und aromatisch ist. Dabei häufig umrühren. Anschließend abschmecken und ggf. mit etwas Rub nachwürzen. Vor dem Servieren auf Raumtemperatur abkühlen lassen. In einem sauberen Schraubglas im Kühlschrank hält sich die Sauce mehrere Wochen. Vor der Verwendung wieder auf Raumtemperatur erwärmen.

PRINZESSINNEN-RIBS (SPICY & SMOKED)

6 EL Zucker
4 EL brauner Zucker
4 EL grobes Salz (Meersalz oder koscheres Salz)
1 EL Kreuzkümmel, gemahlen
1 ½ EL Chilipulver
1 TL Zwiebelpulver
1 TL Knoblauchpulver
1 TL Cayennepfeffer
1 TL Zimtpulver
½ TL Pimentpulver
4 Leitern Baby Back Ribs vom Schwein (4–5 kg)
süße und ultra-scharfe Barbecuesauce (Rezept folgt)

Sie benötigen weiterhin:
Gefäß mit Streudeckel
3–4 Tassen Holzchips oder -Chunks (am besten Kirsche, Wildkirsche wäre optimal), 1 Stunde eingeweicht und dann abgetropft
Alufolie

Methode: auf dem Holzkohlegrill smoken
Weitere Vorbereitung: keine
Portionen: 8

Falls Sie schon einmal beim *Kansas City Royal* oder einem der anderen großen Barbecuewettbewerbe im Mittleren Westen waren, haben Sie bestimmt Dianna Fick gesehen. Sie ist die Frau mit dem glitzernden Diadem auf dem Kopf und der roten Schärpe mit der Aufschrift „It's not easy being a princess" („Es ist nicht so einfach, eine Prinzessin zu sein"). Im Jahr 2004 errang Dianna mit ihrem Team beim *Kansas City Royal* den ersten Platz in der Kategorie „Ribs".

Fast jeder in Kansas City weiß um ihr herausragendes Können in der Küche und am Pit, was die zahlreichen Medaillen und Trophäen bezeugen, die sie mit ihren Teams gewonnen hat. Dianna ist ein Mensch, der gerade Neulingen gern zur Seite steht. Es ist auch nicht verwunderlich, dass gerade einige der betont männlichen Pitmaster bereits um ihren Rat gebeten haben. Sie achtet immer darauf, dass allen ihren Teammitgliedern die Ehre zuteilwird, die sie verdienen, deshalb gilt mein Dank hier zusätzlich Sandy und Danny Crabtree. Diannas Ribs entfalten ihren Kick zweifach – erst durch den Rub mit Kreuzkümmel und Zimt, dann durch die dicke, süßliche Sauce, für die Kansas City berühmt ist. Wer es nicht scharf mag, sei gewarnt: Diese Prinzessin geht äußerst großzügig mit dem Cayennepfeffer um!

1 Den Zucker, den braunen Zucker, das Salz, den Kreuzkümmel, das Chili-, Zwiebel- und Knoblauchpulver, den Cayennepfeffer, den Zimt und den Piment in eine kleine Schüssel geben und mit den Fingern sorgfältig mischen, sodass keine Klumpen zu sehen sind. Anschließend in ein Gefäß mit Streudeckel geben. (Sie erhalten mehr Rub, als Sie benötigen. Kühl und dunkel aufbewahrt hält sich dieser aber wochenlang.)

2 Vorbereitung der Ribs: Die Rippenleitern mit dem Fleisch nach unten auf ein Backblech legen. Das dünne, papierartige Häutchen auf der Knochenseite entfernen. Dazu ein dünnes Messer oder z. B. die Spitze des

JACK DANIEL'S
Old No.7
Tennessee
WHISKEY
70cl 40% Vol.

Fleischthermometers darunter schieben, um es zu lockern. Der beste Ausgangspunkt ist der Mittelknochen. Das Häutchen mit einem Küchenpapier oder einer breiten Pinzette festhalten und abziehen. Mit der anderen Leiter ebenso verfahren.

3 Das Fleisch auf beiden Seiten mit dem Rub (pro Seite 2–3 TL) bestreuen und sanft einklopfen, aber nicht reiben (Dianna glaubt, festes Reiben verletze das Fleisch).

4 Den Holzkohlegrill für das Smoken einrichten (siehe S. 42) und auf niedrige Temperatur (110–120 °C) vorheizen; dazu die Hälfte der üblichen Kohlenmenge verwenden. Eine große Tropfschale in die Mitte des Grills unter den Rost stellen.

5 Wenn alles bereit ist, den heißen Rost abbürsten und einölen. Die Ribs mit der Knochenseite nach unten in die Mitte des Rostes über die Tropfschale legen (ist der Grill klein, ggf. ein Rib Rack benutzen, siehe S. 52). Auf jeden Kohlehaufen ½ Tasse Holzchips geben. Den Grill schließen und die Rippchen 3 Stunden smoken, bis sie leicht gebräunt und halb durchgegart sind. Dabei jede Stunde 1 Tasse Holzchips sowie Kohlen nachlegen.

6 Die Ribs anschließend vom Grill nehmen; die Glut soll jedoch weiter glühen. Zwei Stücke Alufolie übereinander auf die Arbeitsfläche legen, mit der glänzenden Seite nach unten. Eine Rippenleiter mit der Knochenseite nach unten in die Mitte legen. Mit den anderen Rippenleitern ebenso verfahren. Nun die Ribs auf beiden Seiten großzügig mit der Barbecuesauce bestreichen und die Folienpakete fest verschließen.

Tipps!

Was ist das Geheimnis von Sieger-Rippchen? Laut Dianna fängt alles beim „Material“ an. Sie wählt ihre Ribs bei einem Premiumlieferanten selbst aus. Ihre Kräuter und Gewürze kauft sie in Spezialgeschäften, nicht im Supermarkt. Sie verwendet Kirschholz statt Hickory, da letzteres ihrer Ansicht nach das Fleisch bitter macht. Vor allem aber „muss man mit Liebe zu Werke gehen“.

Dianna arbeitet mit Kirschholzpellets in einem alten Jedmaster-Barbecuecooker. Damit das Fleisch die richtige Konsistenz und Zartheit bekommt, muss die Temperatur über lange Zeit (4–6 Stunden) sehr niedrig sein (110 °C). Ich habe dieses Rezept an den Holzkohlegrill angepasst; Anweisungen zur Zubereitung im Smoker finden Sie auf der nächsten Seite. Ein Hinweis noch: wenn Sie schon so viel Zeit investieren, sollten Sie mindestens 4 Rippenleitern zubereiten.

7 Die Folienpakete in die Mitte des Grillrostes legen, den Grill wieder schließen und die Ribs weitere 1–2 Stunden garen, bis sie vollständig durchgegart und zart sind; 4–5 Stunden insgesamt. Wenn die Ribs gar sind, hat sich das Fleisch ca. 6 mm vom Knochenende zurückgezogen. Kohlen nach Bedarf nachlegen. Achtung, beim Prüfen des Garzustandes auf den heißen Dampf achten!

8 Die Ribs vorsichtig auswickeln und auf einen großen Teller oder ein Schneidebrett legen. Einige Minuten ruhen lassen und dann halbieren oder in einzelne Rippen zerteilen. Sofort mit der süßen und ultra-scharfen Barbecuesauce servieren.

Variation

Prinzessinnen-Ribs im Smoker zubereiten:

Den Smoker nach Herstellerangaben vorbereiten und auf 110–120 °C vorheizen (weitere Hinweise zu Smokern auf S. 48). Die Ribs mit der Knochenseite nach unten hineinlegen und 3–4 Stunden garen. Jede Stunde 1 Tasse Holzchips und weitere Kohlen nachlegen.

Die Ribs anschließend aus dem Smoker nehmen und gemäß der Anweisungen in Schritt 6 einwickeln. Die Folienpakete in den Smoker legen und weitere 1–2 Stunden garen. Nach Bedarf Kohlen nachlegen.

SÜßE UND ULTRA-SCHARFE BARBECUESAUCE

375 ml Ketchup
60 ml Jack Daniel's oder ein anderer Bourbon aus Tennessee
3 EL Worcestershiresauce
1 EL Zitronensaft, frisch gepresst
2 TL Apfelessig
1 ½ TL gelben Senf, z. B. Dijon
1 TL „Saft“ von eingelegten Jalapeños (siehe Anmerkung) oder 1 weiterer TL Apfelessig
110 g brauner Zucker
1 EL Chilipulver
1 ½ TL Knoblauchpulver
1 TL Selleriesalz
½–3 TL Cayennepfeffer

Anmerkungen:
„Jalapeñosaft“ ist die herbe, scharfe Flüssigkeit aus den Gläsern, in die Jalapeños eingelegt werden.

Wie die meisten Saucen im Kansas-City-Style ist auch diese dick und süßlich, mit einem Schuss Jack Daniel's als Kick. Der große Unterschied liegt allerdings in ihrer höllischen Schärfe. Dianna Fick und ihr Geschäftspartner Philip „Bubba“ Fick servieren sie in ihrem Restaurant, *Bubba's BBQ Fixens*, in Maryville, Missouri. Ich räume in diesem Rezept eine Spanne beim Cayennepfeffer ein. Beginnen Sie erst einmal mit ½ Teelöffel. Nach Bedarf können Sie dann mehr dazu geben, aber denken Sie daran, die Sauce wird im Laufe der Zeit schärfer!

Ergibt ca. 500 ml

Den Ketchup, den Jack Daniel's, die Worcestershiresauce, den Zitronensaft, den Apfelessig, den Senf, den „Jalapeñosaft“, den braunen Zucker, das Chilipulver, das Knoblauchpulver, das Selleriesalz und Cayennepfeffer in einen nicht reaktiven Topf geben und sorgfältig verrühren. 2 EL Wasser dazu geben, abschmecken und nach Bedarf mit weiterem Cayennepfeffer nachwürzen. Bei mittlerer Hitze 10–15 Minuten köcheln lassen, bis die Sauce dick und aromatisch ist. Dabei häufig umrühren. Falls das Ganze zu dick wird, löffelweise Wasser hinzugeben. Verschlossen im Kühlschrank hält sich die Sauce wochenlang. Vor der Verwendung auf Raumtemperatur erwärmen.

Rib Tipp!

„Wenn Sie Ihre Arbeit lieben, schmeckt man das bei Ihren Rippchen.“
- Dianna Fick, Barbecue-Prinzessin

PORKOSAURUS-RIBS

4 Leitern Baby Back Ribs vom Schwein (4–5 kg)
4–6 EL Ihres Lieblingsrubs (z. B. Sweet-Smoky-Barbecue-Rub S. 163)
375 ml Ihrer Lieblingsbarbecuesauce (z. B. Bunker-Blaster-Barbecuesauce S. 137)
125 ml Balsamicoessig
125 ml Senf
60 ml Honig
1 EL italienische Gewürzmischung oder Kräuter der Provence
125 ml Apfelsaft
125 ml Ananassaft aus der Dose
Schnittlauch oder Frühlingszwiebel (optional, zum Servieren)

Sie benötigen weiterhin:
3–4 Tassen Holzchips oder -Chunks (am besten 2 Tassen Apfel und 2 Tassen Hickory), 1 Stunde eingeweicht und dann abgetropft
feste Alufolie

Methode: auf dem Holzkohlegrill smoken
Weitere Vorbereitung: keine
Portionen: 8

Wollen Sie den Zustand Ihrer Ribs während des Garvorganges prüfen, gib es zahlreiche Möglichkeiten: Anhand der Farbe der Kruste, der Kerntemperatur des Fleisches, wie sehr es sich vom Knochen zurückgezogen hat usw. Das in Memphis ansässige Barbecueteam *Porkosaurus* ist allerdings das einzige, das ich kenne, das zuhört, wie die Ribs „singen". Der Garprozess umfasst bei ihnen drei Stufen. Zuerst werden die Ribs mit einer Gewürzkruste gesmokt, dann werden sie in Folie gewickelt und in Fruchtsaft geschmort und schließlich werden sie auf dem Grill zu Ende „gebraten". Indem Teamchef Joffre DiSabatino hört, wie die Knochen beim Schmoren „singen", weiß er genau, wie heiß er den Smoker einstellen muss. Lachen Sie nicht – dank dieser unkonventionellen Methoden strich Porkosaurus im Jahr 2005 in der Kategorie „Ribs" den ersten Preis beim *World Championship Barbecue Cooking Contest* ein („Ribs" ist die schwierigste Kategorie, da es dort die meisten Teilnehmer gibt). Wie gelingen einem nun diese Siegerrippchen? Es gibt keine richtige Barbecuesauce, nur eine Art „Veredlungssauce" (Finishing Sauce), die in der letzten Stunde der Garzeit aufgetragen wird, erklärt Teammitglied Tom Wilson. Der Honig in der Sauce stammt aus Bienenstöcken, die einem weiteren Teammitglied, Chuck Brooks, gehören.

Tipp!

Porkosaurus beginnen das Smoken ihrer Ribs bei einer sehr niedrigen Temperatur (80 °C) und erhöht diese langsam auf 110 °C. Ihr anderes Geheimnis liegt in der Mischung aus Hickory- und Apfelholz: Hickory legt die Grundlage, Apfel verfeinert. Sollten Sie einen Smoker besitzen, ist dieses Rezept dafür gut geeignet. Genaue Anweisungen finden Sie auf S. 131. Gasfans haben das Nachsehen, da sie nicht den nötigen Rauch erzeugen können.

1 Vorbereitung der Ribs: Die Rippenleitern mit dem Fleisch nach unten auf ein Backblech legen. Das dünne, papierartige Häutchen auf der Knochenseite entfernen. Dazu ein dünnes Messer oder z. B. die Spitze des Fleischthermometers darunter schieben, um es zu lockern. Der beste Ausgangspunkt ist der Mittelknochen. Das Häutchen mit einem Küchenpapier oder einer breiten Pinzette festhalten und abziehen. Mit der anderen Leiter ebenso verfahren. Das Fleisch auf beiden Seiten mit dem Rub bestreuen und sanft einklopfen.

2 Die Barbecuesauce, den Essig, den Senf, den Honig und die Gewürzmischung in eine nicht reaktive Schüssel geben, sorgfältig verrühren und die „Finishing Sauce“ dann beiseitestellen.

3 Den Holzkohlegrill für das Smoken einrichten (siehe S. 42) und auf niedrige Temperatur (110–120 °C) vorheizen; dazu die Hälfte der üblichen Kohlenmenge verwenden. Eine große Tropfschale in die Mitte des Grills unter den Rost stellen.

4 Wenn alles bereit ist, den heißen Rost abbürsten und einölen. Die Ribs mit der Knochenseite nach unten in die Mitte des Rostes über die Tropfschale legen (ist der Grill klein, ggf. ein Rib Rack benutzen, siehe S. 52). Auf jeden Kohlehaufen je ¼ Tasse beider Holzchips-Sorten geben. Den Grill schließen und die Rippchen 3 Stunden smoken, bis sie leicht gebräunt und halb durchgegart sind. Dabei jede Stunde 1 Tasse Holzchips sowie Kohlen nachlegen.

5 Die Ribs anschließend vom Grill nehmen; die Glut soll jedoch weiter glühen. Zwei Stücke Alufolie übereinander auf die Arbeitsfläche legen, mit der glänzenden Seite nach unten. Eine Rippenleiter mit der Knochenseite nach unten in die Mitte legen. Die Ränder der Folie so falten, dass keine Flüssigkeit austreten kann und die Ribs mit je 2 EL Apfel- und Ananassaft übergießen. Die Folienpakete dann fest verschließen. Mit den anderen Rippenleitern ebenso verfahren.

Rib Tipp!

Barbecue bedeutet lebenslanges Lernen.
- Joffre DiSabatino, Porkosaurus Barbecue-Team

6 Die Folienpakete in die Mitte des Grillrostes legen, den Grill wieder schließen und die Ribs eine weitere Stunde garen, bis sie durchgegart und zart sind. Falls nötig, die Temperatur erhöhen, bis Sie die Ribs in ihrer Folienverpackung „singen" (brutzeln) hören. Die Temperatur wird auf zwei Arten erhöht: Durch das Öffnen des Abzugs oder durch das Nachlegen weiterer Kohlen. Die Kohlen müssen ca. 20 Minuten vor Gebrauch im Anzündkamin angezündet werden.

7 Die Ribs vorsichtig auswickeln und auf beiden Seiten großzügig mit der Finishing Sauce bestreichen. Mit der Knochenseite nach unten in die Mitte des Grillrostes legen und den Grill wieder schließen. Weitere 30–60 Minuten garen, bis die Ribs dunkelbraun und sehr zart sind – insgesamt 4 ½–5 Stunden. Wenn die Ribs gar sind, können Sie diese mit den Fingern zerteilen und das Fleisch hat sich ca. 6 mm vom Knochenende zurückgezogen.

8 Die Ribs auf einen großen Teller oder ein Schneidebrett legen, einige Minuten ruhen lassen und dann halbieren oder in einzelne Rippen zerteilen. Noch einmal mit der Finishing Sauce bestreichen und sofort servieren.

Variation

Porkosaurus-Ribs im Smoker zubereiten:

Den Smoker nach Herstellerangaben vorbereiten und auf 80 °C vorheizen (weitere Hinweise zu Smokern auf S. 48). Die Ribs mit der Knochenseite nach unten hineinlegen und ca. 3 Stunden garen. Jede Stunde je ½ Tasse Hickory- und Apfelholzchips sowie weitere Kohlen nachlegen.
Nach 30 Minuten die Temperatur langsam auf 110 °C erhöhen.
Die Ribs anschließend aus dem Smoker nehmen und gemäß der Anweisungen in Schritt 5 einwickeln.
Die Folienpakete in den Smoker legen und 1 Stunde garen, bis sie durchgegart und ganz zart sind.
Anschließend auswickeln, mit der Finishing Sauce bestreichen, wieder in den Smoker legen noch einmal 30–60 Minuten smoken.

RINDERRIPPEN

Vermutlich werden zehnmal mehr Schweine- als Rinderrippen verkauft, aber beim *Lip-Smackin' Rib Recipe Contest* auf meiner Homepage www.barbecuebible.com ging der erste Platz an ein Rezept für Rinderrippen, die Pastrami-Short-Ribs vom Grill auf S. 160. Falls Sie gern richtig große Rippchen mögen, dann wird Ihnen dieses Kapitel gefallen. Sie finden darin sowohl Beef Back Ribs als auch Beef Short Ribs. Die Rippen werden gerubbt und gesmokt wie in Texas, mariniert und am Spieß gegrillt wie in Italien oder über Holzkohle gegrillt, dann hauchdünn geschnitten und mit heißem Bohnenmus sowie eingelegtem Gemüse serviert, so wie in Korea. In diesem Kapitel befassen wir uns außerdem auch mit weniger bekannten Rippchenarten, wie Bisonrippen auf französische Art (mit Cabernet-Sauvignon-Barbecuesauce). Und jetzt, rann an das Fleisch!

FRESH & DELICIOUS
Beef
PREMIUM QUALITY

SALZ-UND-PFEFFER-BEEF-RIBS

2 Leitern Beef Back Ribs
(insgesamt 2 ½–3 kg)
grobes Salz
(Meersalz oder koscheres Salz)
schwarze Pfefferkörner, zerstoßen
(nicht fein gemahlen)
Chiliflocken (optional für schärfere Ribs)
Bunker-Blaster-Barbecuesauce
(Rezept folgt)

Sie benötigen weiterhin:
1 ½ Tassen Holzchips oder -Chunks
(am besten Eiche), 1 Stunde
eingeweicht und dann abgetropft

Methode: indirektes Grillen
Weitere Vorbereitung: keine
Portionen: 4–6

Salz-und-Pfeffer-Ribs sind eine texanische Tradition, die darauf basiert, dass man für erstklassiges Barbecue nicht viele Gewürze benötigt, wenn das Fleisch qualitativ hochwertig und das Feuer heiß und rauchig ist. Sie brauchen wirklich nicht viel mehr als Salz und Pfeffer, wie in diesem Rezept. Sollten Sie – wie die meisten Amerikaner – Barbecuesauce zu ihren Ribs bevorzugen, wird Ihnen die Bunker-Blaster-Barbecuesauce mit Melasse garantiert schmecken (einen weiteren texanischen Klassiker, die Lone-Star-Beef-Ribs, finden Sie auf S. 138).

1 Vorbereitung der Ribs: Die Rippenleitern mit dem Fleisch nach unten auf ein Backblech legen. Das dünne, papierartige Häutchen auf der Knochenseite entfernen. Dazu ein dünnes Messer oder z. B. die Spitze des Fleischthermometers darunter schieben, um es zu lockern. Der beste Ausgangspunkt ist der Mittelknochen. Das Häutchen mit einem Küchenpapier oder einer breiten Pinzette festhalten und abziehen. Mit der anderen Leiter ebenso verfahren.

2 Das Fleisch auf beiden Seiten großzügig mit Salz, Pfeffer und Chiliflocken (optional) würzen. Anschließend in Frischhaltefolie wickeln und bis zur Verwendung im Kühlschrank aufbewahren.

3 Den Grill für indirektes Grillen einrichten (siehe S. 41). Auf mittlere Hitze (160–180 °C) vorheizen. In die Mitte des Grills unter den Rost eine Tropfschale stellen (Hinweise zum Smoken auf einem Gasgrill finden Sie auf S. 44).

Tipp!

Ich bevorzuge hier das indirekte Grillen, da das Fleisch durch die größere Hitze schön knusprig wird. Sie können das Fleisch auch smoken, dann bekommt es jedoch keine so schöne Kruste.

4 Wenn alles bereit ist, den heißen Rost abbürsten und einölen. Die Ribs mit der Knochenseite nach unten in die Mitte des Rostes über die Tropfschale legen. Bei einem Holzkohlegrill jeweils die Hälfte der Holzchips auf jeden Kohlehaufen geben. Den Grill schließen und die Rippchen 1 ½–2 Stunden garen, bis sie schön braun, durchgegart und zart genug sind, um sie mit den Fingern zerteilen zu können. Wenn die Ribs gar sind, hat sich das Fleisch ca. 6 mm vom Knochenende zurückgezogen. Bei einem Holzkohlegrill nach Bedarf Kohlen nachlegen.

5 Die Ribs auf einen großen Teller oder ein Schneidebrett legen, einige Minuten ruhen lassen und dann halbieren (wenn Sie 4 servieren) oder in Stücke mit 1–2 Rippen zerteilen. Sofort mit der Bunker-Blaster-Barbecuesauce servieren.

Variation

Salz-und-Pfeffer-Beef-Ribs im Smoker zubereiten:

Den Smoker nach Herstellerangaben vorbereiten und auf 110–120 °C vorheizen (weitere Hinweise zu Smokern auf S. 48). Die Ribs mit der Knochenseite nach unten hineinlegen und 4–5 Stunden smoken.

BUNKER-BLASTER-BARBECUESAUCE

Diese Sauce wurde von meinen Studenten „Skipper“ Beck, Jeff Polep und Ellie Lamore in der „Barbecue University“ erfunden. Sie gewann den ersten Preis in der Kategorie Barbecuesauce, ausgewählt von niemand anderem als dem Erfinder der *KC Masterpiece-Sauce*, Rich Davis. Der rauchige, erdige Geschmack der Melasse harmoniert hervorragend mit dem Rindfleisch, ohne es zu dominieren. Das Rezept ergibt mehr Sauce, als Sie benötigen, aber diese passt auch wunderbar zu Huhn, Schweinefleisch oder gar Lammrippchen.

Ergibt ca. 750 ml

- 625 ml Ketchup
- 125 ml Melasse
- 60 ml Weißweinessig
- 1 ½ TL Flüssigrauch
- 2 EL Zwiebel, fein gewürfelt
- 2 EL brauner Zucker
- ¼ TL grobes Salz (Meersalz oder koscheres Salz)
- ½ TL Chilipulver
- ½ TL Zwiebelpulver
- ½ TL Knoblauchpulver
- ⅛ TL Cayennepfeffer

Den Ketchup, die Melasse, den Essig, den Flüssigrauch, die Zwiebel, den braunen Zucker, das Salz, das Chilipulver, das Zwiebel- und Knoblauchpulver sowie den Cayennepfeffer in einen schweren, nicht reaktiven Topf geben und sorgfältig verrühren. Bei mittlerer Hitze langsam aufkochen und dabei nach Bedarf rühren. Dann die Hitze reduzieren und die Sauce ca. 10 Minuten köcheln lassen, bis sie dick und aromatisch ist. In einem sauberen Schraubglas hält sich die Sauce monatelang im Kühlschrank. Vor der Verwendung wieder auf Raumtemperatur erwärmen.

LONE-STAR-BEEF-RIBS

Für den Lone-Star-Rub:

3 EL grobes Salz (Meersalz oder koscheres Salz)
3 EL reines Chilipulver
1 EL schwarze Pfefferkörner, zerstoßen
2 TL Knoblauchpulver
2 TL getrockneter Oregano
1 TL Cayennepfeffer
1 TL Kreuzkümmelpulver

Für die Mopp-Sauce:

1 Flasche Lone-Star-Bier (oder ein anderes Lager-Bier)
125 ml Branntweinessig
125 ml Kaffee, frisch aufgebrüht

2 Leitern Beef Back Ribs (insgesamt 2 ½–3 kg)
Minimalistische Barbecuesauce (S. 141)

Sie benötigen weiterhin:

1 ½ Tassen Holzchips oder -Chunks (am besten Eiche), 1 Stunde eingeweicht und dann abgetropft
Barbecue-Mopp

Methode: indirektes Grillen auf dem Holzkohlegrill
Weitere Vorbereitung: keine
Portionen: 4–6

Was Rippchen angeht, so befindet sich Texas am entgegengesetzten Ende des Spektrums von Kansas City oder Memphis. Texaner bereiten Rippchen mit einfachen Gewürzen und noch einfacheren Saucen zu. Ein typischer zentraltexanischer Barbecue-Rub besteht in erster Linie aus Salz, Pfeffer und Cayennepfeffer und enthält wenig bis keine Süßungsmittel (weitere erlaubte Gewürze sind z. B. Chilipulver, Knoblauchpulver oder Kreuzkümmel, je nach Pitmaster). Was die Sauce angeht, so besteht sie aus lediglich ein klein wenig mehr als Fleischsaft, der durch einen Schuss Ketchup Farbe bekommt. Der Fokus liegt ganz darauf, was Texaner für entscheidend halten – die Verbindung aus Fleisch und Holzrauch.

1 Zubereitung des Rubs: Das Salz, das Chilipulver, den Pfeffer, das Knoblauchpulver, den Oregano, den Cayennepfeffer und den Kreuzkümmel in eine kleine Schüssel geben und mit den Fingern sorgfältig mischen, sodass keine Klumpen zu sehen sind. 1 ½ EL für die Minimalistische Barbecuesauce beiseitestellen.

2 Zubereitung der Mopp-Sauce: Das Bier, den Essig, den Kaffee und 1 ½ EL Lone-Star-Rub in eine nicht reaktive Schüssel geben und mit dem Schneebesen kräftig verrühren. Mit dem restlichen Rub beiseitestellen.

3 Vorbereitung der Ribs: Die Rippenleitern mit dem Fleisch nach unten auf ein Backblech legen. Das dünne, papierartige Häutchen auf der Knochenseite entfernen. Dazu ein dünnes Messer oder z. B. die Spitze des Fleischthermometers darunter schieben, um es zu lockern. Der beste Ausgangspunkt ist der Mittelknochen. Das Häutchen mit einem Küchenpapier oder einer breiten Pinzette festhalten und abziehen. Mit der anderen Leiter ebenso verfahren.

4 Das Fleisch auf beiden Seiten großzügig (etwa 1 EL pro Seite) mit dem Rub bestreuen und kräftig einreiben. (Der restliche Rub hält sich in einem

Tipps!

Für das Chilipulver gibt es mehrere Optionen, z. B. Chipotle-Chilipulver (aus geräucherten Jalapeños) und Ancho-Chilipulver, das den süßlich-erdigen Geschmack des amerikanischen Südwestens mitbringt.

Texaner smoken heißer als Pitmaster in anderen Landesteilen. Es gibt dort durchaus 200 °C heiße Pits. In Zentraltexas wird vor allem Eichenholz verwendet. Zuhause können Sie diesen Aufbau durch einen holzbefeuerten Grill mit Deckel bzw. einen Holzkohlegrill mit Eichenholzchips oder -Chunks nachahmen.

Schraubglas kühl und dunkel aufbewahrt wochenlang.) Anschließend in Frischhaltefolie wickeln und bis zur Verwendung im Kühlschrank aufbewahren.

5 Den Grill für indirektes Grillen einrichten (siehe S. 41). Auf mittlere Hitze (160–180 °C) vorheizen. In die Mitte des Grills unter den Rost eine Tropfschale stellen.

6 Wenn alles bereit ist, den heißen Rost abbürsten und einölen. Die Ribs mit der Knochenseite nach unten in die Mitte des Rostes über die Tropfschale legen. Jeweils die Hälfte der Holzchips auf jeden Kohlehaufen geben. Den Grill schließen und die Rippchen 45 Minuten garen.

7 Das Fleisch nun auf beiden Seiten mit der Mopp-Sauce moppen. Den Grill wieder schließen und das Fleisch weiter garen, bis die Ribs schön braun, durchgegart und zart genug sind, um sie mit den Fingern zerteilen zu können. Das dauert weitere 45–75 Minuten (Garzeit insgesamt 1 ½–2 Stunden). Wenn die Ribs gar sind, hat sich das Fleisch ca. 6 mm vom Knochenende zurückgezogen. In dieser Zeit die Ribs noch 1–2 Mal moppen und nach Bedarf Kohlen nachlegen.

8 Die Ribs auf einen großen Teller oder ein Schneidebrett legen und einige Minuten ruhen lassen. Den ausgetretenen Fleischsaft nach Möglichkeit für die Barbecuesauce aufheben (siehe Anmerkung). Die Rippchen nun halbieren (wenn Sie 4 servieren) oder in Stücke mit 1–2 Rippen zerteilen. Sofort zusammen mit der Barbecuesauce servieren.

Variation

Lone-Star-Beef-Ribs im Smoker zubereiten:
Den Smoker nach Herstellerangaben vorbereiten und auf 110–120 °C vorheizen (weitere Hinweise zu Smokern auf S. 48). Die Ribs mit der Knochenseite nach unten hineinlegen und 4–5 Stunden garen. Nach einer Stunde mit dem Moppen beginnen, dann stündlich weiter moppen.

Anmerkungen:
Der ausgetretene Fleischsaft sammelt sich in der Tropfschale. Diese mit feuerfesten Handschuhen aus dem Grill heben und die Flüssigkeit durch ein Sieb in eine hitzebeständige Schüssel oder einen Messbecher abseihen. Die Ribs locker mit Alufolie abdecken, damit sie während der Zubereitung der Barbecuesauce warm bleiben. Durch den Fleischsaft wird die Sauce reichhaltiger und glatter; die Verwendung ist aber optional.

MINIMALISTISCHE BARBECUESAUCE

Wenn es um die Verwendung der richtigen Sauce zu Barbecue im texanischem Stil geht, hat Rick Schmidt, Eigentümer des berühmten *Kreuz Market* in Lockhart, Texas, eine eindeutige Meinung: Lass es! Für Schmidt ist Barbecuesauce bei gut geräuchertem Fleisch bestenfalls Beiwerk und schlimmstenfalls überflüssig. In seinem Restaurant ist weit und breit keine Sauce zu finden. Andere texanische Pitmaster sind etwas offener und tolerieren einfache Saucen. Da wir hier von Texas reden, sind Jalapeños jederzeit in der Sauce willkommen. Neigen Sie auch eher zum Minimalismus und/oder mögen keine süßlichen Saucen, sind Sie hier genau richtig.

Ergibt ca. 250 ml

1 EL Pflanzenöl
1 kleine Zwiebel, fein gehackt
1 Knoblauchzehe, fein gewürfelt
1 frische Jalapeño, Samen entfernt und fein gewürfelt (für eine schärfere Sauce die Samen nicht entfernen)
125 ml Lone-Star-Bier oder ein anderes Lager-Bier
ca. 60 ml Rinderbrühe (siehe Anmerkung)
125 ml Ketchup
1 EL Steaksauce, z. B. A1
1 EL Worcestershiresauce
1 ½ TL Lone-Star-Rub (von den Lone-Star-Beef-Ribs, S. 138)

1 Das Öl bei mittlerer Hitze in einem schweren, nicht reaktiven Topf erhitzen. Die Zwiebel, den Knoblauch und die Jalapeño dazugeben und 3 Minuten leicht bräunen. Dabei mit einem Holzlöffel umrühren. Mit dem Bier aufgießen, die Temperatur erhöhen und das Ganze auf die Hälfte einkochen lassen.

2 Anschließend die Brühe, den Ketchup, die Steaksauce, die Worcestershiresauce und den Rub dazugeben, die Temperatur etwas reduzieren und die Sauce aufkochen. 1–2 EL Wasser oder Brühe hinein geben, damit die Sauce dünner wird und dann 3–5 Minuten köcheln lassen, bis sich die Aromen verbunden haben.

Anmerkungen:
Falls Sie den Fleischsaft aus der Tropfschale aufgehoben haben, können Sie 1–2 EL mit der Brühe mischen und zur Sauce geben.

BARBECUE-MOPPS UND MOPP-SAUCEN

Barbecue macht erfinderisch. Wie sonst könnte ein Pitmaster aus einem zähen, störrischen Stück Fleisch eine zarte, rauchige Köstlichkeit zaubern? Ihrem Einfallsreichtum ist es zu verdanken, dass Pitmaster sich nicht mehr nur der Kraft des direkten Grillens widmeten, sondern sich stattdessen der sanfteren Hitze des indirekten Grillens bzw. Smokens zuwandten. Einfallsreichtum ist auch für eine der eigentümlichsten amerikanischen Kochideen verantwortlich: den Barbecue-Mopp.

Ich stelle mir seine Erfindung etwa so vor:
Irgendwann in den Anfängen des Barbecues, stand Fred der Pitmaster vor der enormen Aufgabe, Rippchen für seine zweihundert engsten Freunde zu grillen. Damit das Fleisch nicht austrocknete und einen besonderen Geschmack bekam, bestrich er es mit einer Mischung aus seinen Lieblingsgetränken – vielleicht Bier, Kaffee und Apfelsaft. Er kippte die Zutaten in einen – hoffentlich – sauberen Eimer und trug die Mischung mit einem Küchenpinsel auf. Schnell merkte er, wie ineffizient das war; er sah sich um, und sein Blick fiel auf einen sauberen Baumwoll-Mopp … zumindest hoffen wir, dass er sauber war.

Also tauchte Fred den Mopp in die Flüssigkeit und strich damit über das Fleisch. Das funktionierte viel besser als mit dem Küchenpinsel und vor allem sah es total cool aus. Heutzutage kommen große (saubere) Bodenmopps bei Wettbewerben und in großen Restaurants zum Einsatz, wie im *Moonlite Bar-B-Q Inn* in Owensboro, Kentucky. Das ist natürlich eine tolle Lösung, wenn man mehrere Hundert Rippchen zubereiten muss, für den Einsatz am heimischen Grill aber völlig übertrieben.
So wurde der Barbecue-Mopp erfunden, eine Miniaturversion des Bodenmopps.

Sie können diese Mopps in Haushaltswarenläden, Spezialgeschäften oder Online kaufen.
Bei einigen Modellen kann man sogar den Kopf abnehmen, wodurch sie sich einfacher reinigen lassen.
Wo wir gerade beim Reinigen sind – das ist nämlich die größte Herausforderung bei der Verwendung eines Barbecue-Mopps. Ich empfehle, den Mopp einige Stunden in heißem Seifenwasser einzuweichen, wobei das Wasser mehrmals gewechselt werden muss. Anschließend kommt er, sofern möglich, in die Spülmaschine. Sollte es nicht möglich sein, muss der Mopp noch länger eingeweicht und gespült werden.

Als nächstes müssen Sie die Mopp-Sauce zubereiten. Die Zutaten können ganz unterschiedlich sein, von Bier, Wein, Apfelsaft über Essig, Einlegeflüssigkeit, Sojasauce, scharfe Sauce, Worcestershiresauce, Olivenöl und Rinderbrühe bis zu Senf, Ketchup, Meerrettich, Zwiebeln, Knoblauch, Sellerie, Jalapeños und aller Art Kräuter, Gewürze und Barbecuerubs. Die meisten Pitmaster verwenden eine Mischung aus einigen dieser Zutaten. Wer weiß, vielleicht war ja auch schon einmal jemand verrückt genug, alle gleichzeitig auszuprobieren! Auffallenderweise fehlt (oder ist nur in sehr geringen Mengen vorhanden) jede Art von Süßungsmittel wie brauner Zucker, Melasse oder Honig in den Mopp-Saucen. Dafür gibt es einen einfachen Grund: Wenn Zucker für eine lange Zeit der Hitze der Glut ausgesetzt ist, dann verbrennt er. Eine Mopp-Sauce wird während des gesamten Garvorganges aufgetragen und sie soll natürlich nicht verbrennen, bevor das Fleisch gar ist. Das ist sehr wichtig, denn Mopp-Saucen sollen nicht nur eine Geschmacksnuance hinzufügen und uns während der langen Garzeit beschäftigen, sie sollen das Fleisch auch vor dem Austrocknen bewahren.

Was aber tun, wenn Sie keinen Mopp besitzen? Eine Alternative wäre ein Küchenpinsel mit langem Stiel. Eine andere Möglichkeit ist die Verwendung einer Sprühflasche, was aber natürlich nur bei dünnflüssigen Mopp-Saucen funktioniert.

Ein letzter Warnhinweis: Verwenden Sie den Mopp niemals auf rohem Fleisch! Dadurch riskieren Sie eine Verunreinigung des Mopps und der restlichen Mopp-Sauce. Warten Sie immer, bis die Ribs mindestens ½ Stunde gegart wurden und außen schön heiß sind. Vorsicht ist die Mutter der Porzellankiste.

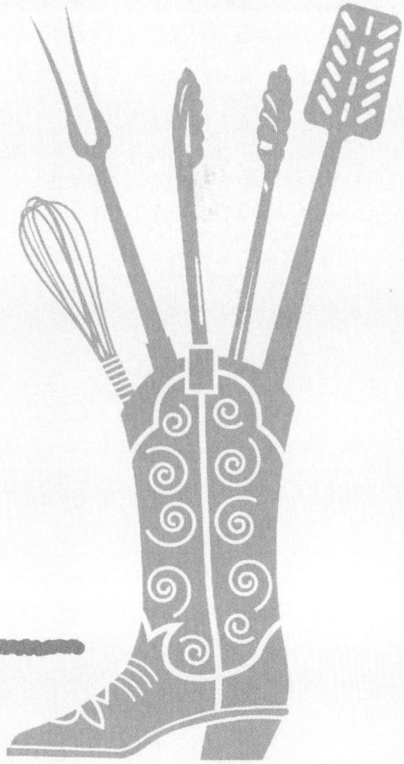

DINOSAURIER-RIBS

(Smoked Beef Ribs in Ananassaft mariniert)

250 ml Apfelessig
4 EL Zucker
1 ½ EL Senfpulver
2 TL Salz
ca. 1 l Ananassaft aus der Dose
250 ml Worcestershiresauce
½ mittelgroße Zwiebel, fein gehackt
60 ml Pflanzenöl
60 ml süßlich-rauchige Barbecuesauce (wie KC Masterpiece Original) + 125 ml zum Servieren
große Rinderrippen (sehr fleischig, insgesamt 3–4 ½ kg)

Sie benötigen weiterhin:

4 ½ Tassen Holzchips oder -Chunks (am besten Hickory), 1 Stunde eingeweicht und dann abgetropft

Methode: smoken auf dem Holzkohlegrill
Weitere Vorbereitung: mindestens 8 Stunden für das Marinieren einplanen
Portionen: 4–6

Rich Davis ist eine Legende des amerikanischen Barbecues und außerdem ein toller Typ, guter Freund und lebenslanger Befürworter der Kochkunst mit Rauch und Feuer. Vielleicht kennen Sie seinen Namen nicht, aber bestimmt seine Sauce, ein dickes, rotbraunes Elixier, das er über Jahrzehnte hinweg entwickelt hat. Seine Sauce ist die Verkörperung von Kansas Citys Liebe zu Rauch und Gewürzen – *KC Masterpiece*. Bevor ich Ihnen etwas über seine Ribs erzähle, will ich erst noch drei Dinge über Dr. Davis sagen. Zum einen war er ein ausgezeichneter Kinderpsychologe (daher der Doktortitel), zum zweiten ist er Gründer und war Dekan einer medizinischen Fakultät. Zu guter Letzt hat er das Wissen um die amerikanische Barbecuegeschichte enorm gefördert, indem er mir großzügigerweise Zugang zu seinen Archiven gewährte, als ich *BBQ USA* schrieb.

Nun will ich etwas über seine Ribs erzählen. Rich nennt sie Dinosaurierknochen, und diese gewaltigen, fleischigen Rinderrippen sind extrem geschmacksintensiv. Sie werden in Ananassaft mariniert und dann langsam über Hickoryholz gesmokt. Ein letztes Bestreichen mit – wie sollte es anders sein? – KC Masterpiece verleiht dem Fleisch die Patina eines alten Gemäldes.

1 Den Essig in einem großen, nicht reaktiven Topf bei mittlerer Hitze aufkochen. Den Zucker, das Senfpulver und das Salz dazugeben und unter ständigem Rühren köcheln lassen, bis sich alles aufgelöst hat. Den Ananassaft, die Worcestershiresauce, die Zwiebel, das Öl und die Barbecuesauce hineingeben und sorgfältig verrühren. Den Topf vom Herd nehmen und die Sauce auf Raumtemperatur abkühlen lassen. Anschließend in den Kühlschrank stellen, bis die Marinade kalt ist.

2 In der Zwischenzeit die Rippen vorbereiten: Falls die Silberhaut noch entfernt werden muss, die Rippen mit der Fleischseite nach unten auf die Arbeitsfläche legen und ein dünnes Messer oder z. B. die Spitze des Fleischthermometers unter das Häutchen schieben. Der beste Ausgangspunkt

Tipps!

Die richtigen Rippchen für dieses Rezept sind besonders fleischige Beef Ribs. Falls Sie im Supermarkt keine bekommen, fragen Sie Ihren Metzger danach. Alternativ verwenden Sie zwei Leitern normale Beef Back Ribs (und bereiten diese nach den Anweisungen auf S. 138 zu).

Dieses Rezept können Sie auf dem Holzkohlegrill oder im Smoker zubereiten (siehe Variation). Mit Gas erzielen Sie zwar die fruchtige Note, aber kein Raucharoma.

ist das Ende des Knochens. Das Häutchen mit einem Küchenpapier oder einer breiten Pinzette festhalten und abziehen. Mit den restlichen Rippen ebenso verfahren.

3 Die Ribs in eine nicht reaktive Auflaufform oder ähnliches legen. Die Marinade noch einmal durchrühren, dann über das Fleisch geben und gut verteilen, sodass beide Seiten bedeckt sind. Abgedeckt im Kühlschrank 8–12 Stunden ziehen lassen. Dabei 3–4 Mal wenden. Je länger die Ribs in der Marinade ziehen, desto intensiver ist der Geschmack (man kann zum Marinieren auch große wiederverschließbare Plastikbeutel verwenden).

4 Den Holzkohlegrill für das Smoken einrichten (siehe S. 42) und auf niedrige Temperatur (110–120 °C) vorheizen; dazu die Hälfte der üblichen Kohlenmenge verwenden. Eine große Tropfschale in die Mitte des Grills unter den Rost stellen.

5 Wenn alles bereit ist, den heißen Rost abbürsten und einölen. Die Ribs abtropfen lassen (die Marinade weggießen) und dann mit der Knochenseite nach unten in die Mitte des Rostes über die Tropfschale legen. Auf jeden Kohlehaufen ¾ Tasse Holzchips geben. Den Grill schließen und die Rippchen 4–5 Stunden smoken, bis sie dunkelbraun und sehr zart sind. Wenn die Ribs gar sind, hat sich das Fleisch ca. 6 mm vom Knochenende zurückgezogen. Dabei jede Stunde 1 ½ Tassen Holzchips sowie Kohlen nachlegen. Nachdem die Ribs 3 Stunden gegart wurden, brauchen Sie keine weiteren Holzchips nachzulegen.

6 Die Ribs auf einen großen Teller oder ein Schneidebrett legen und einige Minuten ruhen lassen. Mit der restlichen Barbecuesauce bestreichen und sofort servieren.

Variation

Dinosaurier-Ribs im Smoker zubereiten:

Den Smoker nach Herstellerangaben vorbereiten und auf 110–120 °C vorheizen (weitere Hinweise zu Smokern auf S. 48). Die Ribs mit der Knochenseite nach unten hineinlegen und 4–5 Stunden garen.

KOBE-RINDFLEISCH

Kobe-Rind probierte ich zum ersten Mal im *Inakaya* in Tokio, einem Restaurant im Landstil. Es war Liebe (oder eher Verlangen) auf den ersten Biss. Stellen Sie sich Fleisch vor, das den fantastischen Geschmack von erstklassigem, lange abgehangenem Rindfleisch mit der unglaublichen Konsistenz von Foie Gras verbindet. Stellen Sie sich Rindfleisch vor, das fett und zart genug ist, um im Mund wie eine Schneeflocke zu schmelzen, aber mit dem rauchigen Röstaroma, das Sie mit einem hervorragend gegrillten Steak verbinden. Unglücklicherweise sollten Sie Ihrer Fantasie reichlich Taschengeld mitgeben, denn diese Kombination aus unvorstellbarer Reichhaltigkeit, Zartheit und Geschmack ist nicht billig.

Natürlich ist auch Kobe-Rind, wie so viele gastronomische „Wonderfoods", von Mysterien, viel Hysterie und Verwirrung umgeben.Da ist zuerst einmal der Name. Kobe ist keine Rinderrasse, sondern die Herkunftsbezeichnung der Rasse der Wagyu-Rinder. Kobe ist aber nur eine von Dutzenden Regionen in Japan, die sich mit der Produktion herausragenden Rindfleisches rühmen. Was das Fleisch berühmt macht, hat weniger mit der Herkunftsregion zu tun, als mit der Rinderrasse und den Aufzuchtmethoden. Die Rinder haben leuchtend rotes, fast übernatürlich zartes Fleisch, das mit einer großen Menge Fett überaus fein marmoriert ist. Ein Kobesteak sieht aus, als hätte man weiße Spitze auf ein rotes Tischtuch gelegt. Das Weiße ist das Fett, das Rote das Fleisch und mit bloßem Auge sieht es aus, als sei der Anteil etwa gleich groß.

Was die Mysterien betrifft, so haben Sie sicher schon einmal gehört, dass die Tiere mit Bier gefüttert und täglich massiert werden. Tatsächlich erhält ein Teil der Tiere Bier, aber nur in den heißen Sommermonaten. So soll ihr Appetit angeregt werden, damit sie mehr von ihrem natürlichen Futter – Getreide – fressen. Was die Massage betrifft, so werden sie mit Sake abgerieben, damit das Fell schön glänzt. Mit der besseren Fettverteilung hat das nichts zu tun (wäre das so einfach, bräuchten wir keine Fettabsaugung mehr).

In den 1970er-Jahren wurden einige Wagyu-Rinder als Zuchtgrundlage nach Nordamerika importiert. Sie sind der Ursprung des „Kobe"-Rindfleischs (genauer gesagt, Rindfleisch im Kobe-Stil), das in den USA und Kanada produziert wird. Obwohl das Fleisch teilweise wirklich köstlich ist, ist es großenteils überteuert und nicht weiter bemerkenswert. Meiner Erfahrung nach kann selbst das Beste mit der Reichhaltigkeit des japanischen Originals nicht mithalten. Das heißt nun aber nicht, dass Sie es nicht probieren sollten. Besonders das Kobe-Rind von erstklassigen Produzenten wie *Snake River Farms* oder *Lobel's of New York* kann sich durchaus sehen lassen.

Das bringt uns zu Ribs im Kobe-Stil. In Japan habe ich sie nie gesehen, in den USA sind sie aber in limitierter Stückzahl erhältlich. Back Ribs von echten japanischen Koberindern werden Sie garantiert nicht finden – das Fleisch von der Hochrippe ist derart teuer, dass jeder winzige Fetzen vom Knochen abgeschnitten wird. Suchen Sie stattdessen nach Wagyu-Ribs. Sie können diese für jedes Rezept auf den Seiten 150–163 verwenden. Besonders gut eignen sich Short Ribs für asiatische Zubereitungsmethoden, wie die Sake-Short-Ribs auf S. 150.

Nun zur Frage aller Fragen: Gibt es eine Verbindung zwischen dem Kobe-Rind und dem berühmt-berüchtigten Basketballspieler Kobe Bryant? Der Legende nach war sein Vater von einem Dinner mit Kobe-Rind in seiner Zeit bei den 76ers so begeistert, dass er seinen Sohn nach dem Fleisch benannte.

SAKE-SHORT-RIBS

1 Bund Frühlingszwiebeln, grüne und weiße Teile geputzt und grob gehackt; 3 EL des Grünen separat fein hacken zum Servieren
6 Knoblauchzehen, grob gehackt
3–6 Schalotten, grob gehackt
1 Stück (5 cm) frischer Ingwer, geschält und grob gehackt
125 ml (oder mehr) Sake
grobes Salz (Meersalz oder koscheres Salz) und frisch gemahlener schwarzer Pfeffer
Short Ribs, sehr fleischig (insgesamt ca. 2 kg)
Pac-Rim-Barbecuesauce (Rezept folgt)

Sie benötigen weiterhin:
Schale aus Alufolie, 22 x 28 cm,
12 Bambusspieße (30 cm lang, optional, siehe Anmerkung)

Tipps!

Sake ist japanischer Reiswein, den Sie ggf. durch trockenen Sherry ersetzen können.

Bei diesem Rezept ist der Grillvorgang zweistufig. Zuerst werden die Ribs indirekt gegrillt, bis sie weich sind, anschließend werden sie direkt über der Glut gegrillt, damit sie knusprig werden.

Methode: erst indirektes, dann direktes Grillen
Weitere Vorbereitung: keine
Portionen: 6 als Vorspeise, 4 als Hauptgericht

Ohne ein Rezept meines Stiefsohns Jake Klein, Koch im *Pulse* in Manhattan, wäre mein Rippchenbuch nicht vollständig. Jake hat einen Großteil seiner Ausbildung in Hongkong und Japan absolviert, sodass asiatische Aromen seine Küche beherrschen. Im *Pulse* gehören diese knusprigen, salzig-süßen, knoblauch- und ingwerlastigen Rippchen inzwischen zum Stammrepertoire (das *Pulse* befindet sich im historischen *Rockefeller Center*, wo offenes Feuer aus Sicherheitsgründen verboten ist). Das typische Branding und die Kruste erzielt Jake mit einem Kontaktgrill, deshalb eignet sich dieses Rezept perfekt für Leute in Mietshäusern, die in der Küche „grillen" müssen (Anweisungen dafür finden Sie bei der Variation auf S. 152). Eine weitere coole Sache bei diesen Ribs: Sie werden im Yakitori-Stil serviert, d. h., auf Spießen.

1 Die Frühlingszwiebeln, den Knoblauch, die Schalotten und den Ingwer im Mixer fein häckseln. Bei laufendem Motor nach und nach den Sake hinzugeben, bis eine dicke Paste entsteht. Den entstandenen Wet-Rub mit Salz und Pfeffer würzen.

2 Die Ribs rundherum großzügig mit Salz und Pfeffer bestreuen.

3 Ein Drittel des Wet-Rubs auf dem Boden der Folienschale verteilen. 6 Ribs darauflegen, die Hälfte des restlichen Rubs auf diesen verteilen und dann die anderen 6 Ribs darüber legen. Auf diesen schließlich den Rest des Wet-Rubs verteilen. Die Schale mit Alufolie bedecken und die Ränder fest verschließen.

4 Die Pac-Rim-Barbecuesauce zubereiten.

5 Den Grill für indirektes Grillen einrichten (siehe S. 41). Auf mittel-niedrige Hitze (150 °C) vorheizen.

Anmerkungen:

Sollen die Ribs im Yakitori-Stil serviert werden, die Knochen nach Schritt 6 herausziehen. Das Fleisch zu kompakten Rechtecken falten und dann den Bambusspieß der Länge nach hindurch schieben. Mit der Barbecuesauce bestreichen und auf jeder Seite 1–2 Minuten grillen. Damit die Enden der Spieße nicht verbrennen, ein Stück Alufolie darum wickeln.

6 Die Schale mit den Ribs in die Mitte des Grillrostes stellen, den Grill schließen und das Fleisch 2 Stunden garen. Anschließend die Alufolie entfernen, den Grill wieder schließen und die Ribs weitere 1–2 Stunden grillen, bis sie goldbraun und sehr zart sind (insgesamt 3–4 Stunden). Sind die Rippchen fertig, sollte man das Fleisch mit der Gabel von den Knochen ziehen können.

7 Die Ribs unmittelbar vor dem Servieren rundherum mit der Pac-Rim-Barbecuesauce bestreichen und direkt über der Glut platzieren. Auf jeder Seite 1–2 Minuten (4–8 Minuten insgesamt) grillen, bis sie knusprig braun sind und brutzeln.

8 Die Ribs auf einen Servierteller oder einzelne Teller legen und mit dem Frühlingszwiebelgrün bestreuen. Sofort mit der restlichen Barbecuesauce servieren.

Variation

Sake-Short-Ribs in der Küche zubereiten:

Den Ofen auf 150 °C vorheizen. Die Ribs bis Schritt 3 vorbereiten und dann 3–4 Stunden „backen", bis sie sehr weich sind. Anschließend mit der Pac-Rim-Barbecuesauce bestreichen und in einem Kontaktgrill oder einer Grillpfanne schön bräunen (4–6 Minuten im Kontaktgrill, 2–3 Minuten pro Seite in der Pfanne).

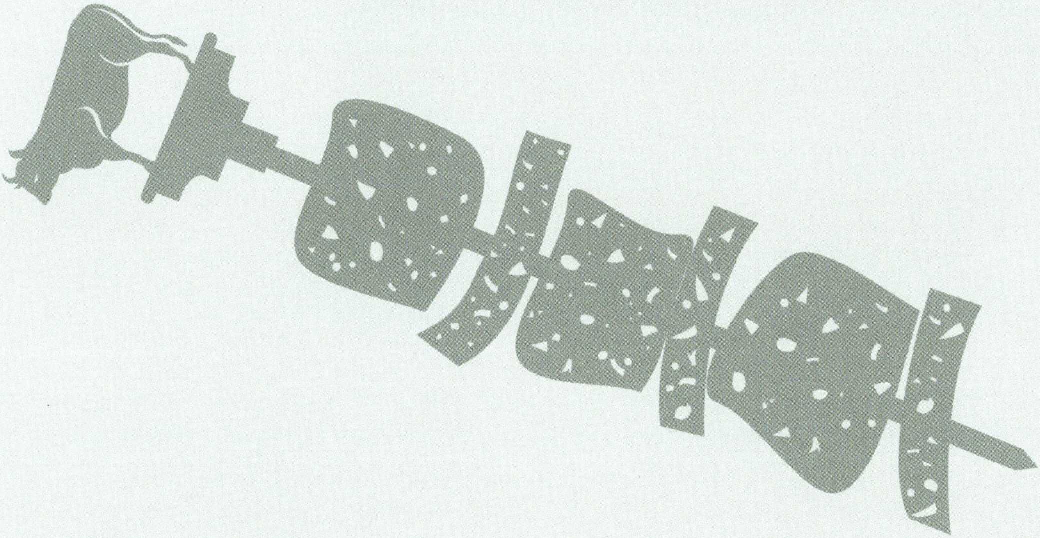

PAC-RIM-BARBECUESAUCE

Diese Sauce ist das Yin und Yang asiatischer Aromen – die salzige Würze der Austernsauce (eine chinesische Würzsauce aus Sojabohnen, die im Geschmack Austern nachempfunden ist) gegen die Süße von Zucker und Mirin (Reiswein). Außerdem enthält sie genug Knoblauch, um eine Horde Vampire fernzuhalten. Austernsauce und Mirin erhalten Sie in Asialäden oder in gut sortierten Supermärkten.

Ergibt ca. 370 ml

- 250 ml Austernsauce
- 250 ml Hühnerbrühe (am besten selbstgemacht)
- 250 ml Mirin (süßer Reiswein)
- 3–6 Schalotten, grob gehackt
- 6 Knoblauchzehen, grob gehackt (ca. 2 EL)
- 6 EL Zucker
- 2 EL schwarze Pfefferkörner
- 1 TL Flüssigrauch

1 Die Austernsauce, die Hühnerbrühe, den Mirin, die Schalotten, den Knoblauch, den Zucker, die Pfefferkörner und den Flüssigrauch in einem schweren, nicht reaktiven Topf mit dem Schneebesen verrühren. Bei mittelhoher Hitze langsam aufkochen.

2 Die Temperatur reduzieren und die Sauce 20–30 Minuten köcheln lassen, bis sie auf etwa 350 ml eingekocht, dick und aromatisch ist. Die Sauce hat die richtige Konsistenz, wenn an der Rückseite eines Löffels eine dicke Schicht kleben bleibt.

3 Den Topf vom Herd nehmen und die Sauce durch ein feinmaschiges Sieb in eine Schüssel abseihen. Dabei aus den festen Zutaten den letzten Rest Flüssigkeit herausdrücken. Abgedeckt im Kühlschrank hält sich die Sauce mindestens eine Woche. Vor der Verwendung wieder auf Raumtemperatur erwärmen.

KOREATOWN-BEEF-SHORT-RIBS (KALBI KUI)

Für die Ribs und die Marinade:

1 ½ kg Beef Short Ribs, am besten in Streifen (Crosscut)
4 Knoblauchzehen, fein gewürfelt
3 EL Zucker
125 ml Sojasauce
60 ml dunkles Sesamöl
1 TL schwarzer Pfeffer, frisch gemahlen

Für den Dip (Yang-Nyum Jang):

1 Knoblauchzehe, fein gewürfelt
2 EL Zucker
60 ml Sojasauce
½ TL schwarzer Pfeffer, frisch gemahlen

Zum Servieren:

6 Knoblauchzehen, in feine Scheiben geschnitten
2 Jalapeños, schräg in feine Scheiben geschnitten
2 mittelgroße Köpfe Romanasalat, in einzelne Blätter zerteilt, abgespült und getrocknet
125 ml scharfes, koreanisches Bohnenmus (optional, siehe Anmerkung)
koreanischer Gurkensalat (Rezept folgt)
Klebreis

Sie benötigen weiterhin:

Gemüsekorb für den Grill

Methode: direktes Grillen
Weitere Vorbereitung: mindestens 2 Stunden für das Marinieren einplanen
Portionen: 4

Besuchen Sie das Restaurant *Soot Bull Jeep* zwischen dem Mittags- und Abendtisch, finden Sie folgendes Szenario vor: Eine Schwadron Köche, die über niedrige Tische gebeugt, das großzügig durchwachsene Fleisch von einem Berg Short Ribs, mit geradezu chirurgischer Präzision, in hauchdünnen Scheiben abschneidet. Diese Arbeit dauert Stunden – so beliebt ist Kalbi Kui (gegrillte Short Ribs im Koreastil) in Koreatown in Los Angeles. In nur sehr wenigen Restaurants schmeckt es besser als im *Soot Bull Jeep*. Der Name des Restaurants – locker übersetzt „Natürliches-Kohle-Restaurant" – ist Programm, wovon auch die Funken und der Rauch zeugen, die aus den Kohlegrills in der Mitte jedes Tisches aufsteigen. *Soot Bull Jeep* ist eines der wenigen koreanischen Grillrestaurants in Los Angeles, in denen mit Holzkohle gearbeitet wird und in dem die Gäste ihr Essen selbst grillen. „Über Holzkohle gegrillt schmeckt Fleisch einfach besser", erklärt der in Pusan geborene Boo Sang Park, der das beliebte Restaurant 1983 eröffnete. Bei seinen koreanischen Rippchen hat man das Vergnügen, sie selbst grillen zu dürfen.

1 Vorbereitung der Ribs: Eine einzelne Rippe mit der Fleischseite nach oben auf die Arbeitsfläche legen. Nun das Fleisch mit einem sehr scharfen Messer am Knochen abschneiden, sodass ein rechteckiges Stück Fleisch übrig bleibt. Am langen Ende beginnend das Fleisch mit der Faser in dünne Scheiben schneiden. Die idealen Scheiben sind 4–5 cm breit, 5–7 cm lang und ca. 3 mm dick. Den Knochen mit den Fleischresten beiseitelegen, dann mit den restlichen Rippen genauso verfahren.

2 Zubereitung der Marinade: Den Knoblauch und den Zucker in eine Schüssel geben und mit der Rückseite eines Holzlöffels zerreiben. Die Sojasauce, das Sesamöl und den Pfeffer hinzugeben und alles sorgfältig mischen. Anschließend die Fleischscheiben und auch die Knochen dazugeben und mischen. Abgedeckt im Kühlschrank 2–4 Stunden ziehen lassen.

Tipp!

Ein Gemüsekorb ist ein meist rechteckiges Drahtgeflecht. Dank der geringen Abstände kann darin feines Gemüse wie Knoblauch oder Chilischotenscheiben gegrillt werden, ohne dass diese in die Glut fallen. Man erhält ihn in Haushaltswarenläden, in Spezialgeschäften oder Online.

3 In der Zwischenzeit den Dip zubereiten. Den Knoblauch und den Zucker in eine Schüssel geben und mit der Rückseite eines Holzlöffels zerreiben. Die Sojasauce, den Pfeffer und 60 ml Wasser dazugeben und sorgfältig verrühren. Zum Servieren auf 4 kleine Schalen verteilen.

4 Kurz bevor es losgehen kann, die Knoblauch- und Jalapeñoscheiben in kleine Schalen füllen. Die Salatblätter auf einem Teller arrangieren. Das Bohnenmus, den Gurkensalat und den Reis in separate Schüsseln füllen. Den Reis abdecken, damit er warm bleibt.

5 Den Grill für direktes Grillen einrichten (siehe S. 36; idealerweise kommt ein Hibachi-Grill zum Einsatz) und auf starke Hitze vorheizen. Die Temperatur anhand des Mississippi-Tests (S. 41) prüfen. Den Gemüsekorb auf den Grillrost legen und vorheizen.

6 Den Gemüsekorb mit einem in Pflanzenöl getauchtem Küchenpapier einölen (am besten mit einer Grillzange halten).

7 Die Knochen und einige Fleischscheiben in den Gemüsekorb legen und nach Geschmack garen, 2–4 Minuten für Medium-Well (Koreaner essen ihre Rippchen eher gut durchgebraten). Dabei mit einer Grillzange vorsichtig wenden. Die Knochen brauchen etwas länger, bis sie gebräunt sind und das restliche Fleisch an den Seiten anfängt zu brutzeln. Nachdem das Fleisch gewendet wurde, einige Knoblauch- und Jalapeñoscheiben in den Gemüsekorb geben und grillen bis sie leicht gebräunt sind (ca. 1 Minute pro Seite).

Tipps!

Dieses Rezept mag auf den ersten Blick etwas kompliziert wirken. Tatsächlich besteht es aber aus einer Reihe einfacher Schritte, von denen einige, z. B. der Dip und der Gurkensalat, im Voraus vorbereitet werden können. Wenn Sie dann den Reis, den Salat, den gegrillten Knoblauch, die Jalapeños und das Knoblauch-Bohnenmus dazugeben, ist die ganze Mahlzeit schon fertig. Sollte die Zeit knapp sein, können Sie natürlich auch lediglich die Ribs zubereiten.

Koreanische Short Ribs können auf einem Holzkohle- oder Gasgrill zubereitet werden, am authentischsten ist aber ein Hibachi-Grill. Stellen Sie ihn in die Mitte des Tischs (natürlich nur draußen und auf einer feuerfesten Unterlage!) und lassen Sie Ihre Gäste das Fleisch nach Geschmack selbst grillen.

Das gegrillte Fleisch mit Knoblauch und Jalapeños servieren und dann das übrige Fleisch und Gemüse auf diese Weise grillen.

8 Zum Servieren ein Salatblatt mit etwas Bohnenmus bestreichen und darauf Reis geben. Auf den Reis kommen ein paar gegrillte Fleischscheiben, etwas Gurkensalat, Knoblauch und Jalapeños. Anschließend das Salatblatt vorsichtig zusammenrollen und in die Sauce dippen. Die gegrillten Knochen separat zum Abknabbern servieren.

Anmerkung:
Scharfes koreanisches Bohnenmus ist ein Würzmittel, das aus fermentiertem Sojabohnen besteht, die mit einer Art Chilipaste gemischt werden. Man bekommt es vor allem in Asialäden oder kann es im Internet bestellen. Alternativ können Sie auch eine chinesische Version verwenden. Sollten alle Stricke reißen, dann schmecken die Rippchen aber auch ohne Bohnenmus ganz hervorragend.

KOREANISCHER GURKENSALAT

In ganz Asien werden gern Variationen dieses einfachen Salates serviert. Die kühle, knackige Gurke bietet dabei den perfekten Ausgleich zum heißen, salzigen Fleisch. Kirbygurken sind kleine, fast kernlose Gurken, die sich hervorragend zum Einlegen eignen. Sie können aber auch eine gewöhnliche Salatgurke verwenden – halbieren Sie diese einfach längs und entfernen Sie die Kerne.

Ergibt ca. 1 Portion

3 EL Reisessig oder Branntweinessig
1 EL Zucker
½ TL grobes Salz (Meersalz oder koscheres Salz)
2 Kirbygurken (Einlegegurken), geschält und dünn geschnitten
¼ mittelgroße Zwiebel, in dünne Scheiben geschnitten

1 Den Essig, den Zucker und das Salz in eine nicht reaktive Schüssel geben und mit dem Schneebesen verquirlen, bis sich alles aufgelöst hat.

2 Die Gurken und die Zwiebeln unterrühren. Vor dem Servieren mindestens 10 Minuten (bis zu 4 Stunden) kaltstellen.

OPAS PASTRAMI-SHORT-RIBS VOM GRILL

Für die Ribs und den Wet-Rub:
ca. 2 kg Short Ribs
3 EL Koriandersamen
2 ½ EL schwarze Pfefferkörner
2 Stück Sternanis, gemösert, oder 1 TL Anissamen bzw. Anispulver
2 EL Senfkörnern
3 EL dunkler Rohrzucker
1 große Knoblauchknolle (8–10 Zehen), die einzelnen Zehen geschält und grob gehackt
2 EL grobes Salz (Meersalz oder koscheres Salz)
1–2 EL Rapsöl oder anderes Pflanzenöl

Für die Mopp-Sauce:
250 ml Ginger Ale
125 ml Apfelessig
1 TL grobes Salz (Meersalz oder koscheres Salz)

Ihre bevorzugte Barbecuesauce zum Servieren.

Sie benötigen weiterhin:
1 ½ Tassen Holzchips oder -Chunks, 1 Stunde eingeweicht und dann abgetropft

Methode: indirektes Grillen auf dem Holzkohlegrill
Weitere Vorbereitung: mindestens 12 Stunden für das Marinieren einplanen
Portionen: 4

Ok, hier ist er, der Sieger vom *Lip-Smackin' Rib Recipe Contest* von meiner Webseite www.barbecuebible.com. „Diese Ribs waren das Lieblingsessen meines Großvaters", erklärt Jasmina Shane aus Bayside, New York. „In diesem Rezept werden zwei großartige geräucherte Speisen kombiniert, gesmokte Ribs und Pastrami." (Der Lebensmittelhistoriker in mir fühlt sich beflissen zu erwähnen, dass sich das Wort Pastrami von einem konservierten Fleischgericht aus dem Nahen Osten ableitet, Basturma. Es ist zwar nicht geräuchert, aber auch heute noch in der Türkei und Syrien sehr beliebt.) Was diese Rippchen und Pastrami gemeinsam haben ist die Würze, eine aromatische Mischung aus Koriander, Senfkörnern und Knoblauch. Jasminas Opa wurde fast einhundert Jahre alt – wer hätte gedacht, dass Ribs so gesund sind?

1 Vorbereitung der Ribs: Das Fleisch mit einem scharfen Messer gitterförmig einschneiden. Die Schnitte sollten etwas tiefer als 1 cm sein. Zwischen den Schnitten sollte 1 cm Abstand sein. Das Fleisch anschließend in eine nicht reaktive Auflaufform oder ähnliches legen.

2 Zubereitung des Wet-Rubs: Die Koriandersamen, die Pfefferkörner, den Sternanis, die Senfkörner und den Zucker in einen Mörser geben und mit dem Stößel grob zerkleinern. Alternativ einen Mixer mit Metallmessern verwenden. Den Knoblauch pürieren und mit dem Salz dazugeben. Anschließend so viel Öl hinzufügen, dass eine dicke Paste entsteht.

3 Den Wet-Rub mit einem Küchenspatel rundherum auf dem Fleisch verteilen. Fest in Frischhaltefolie wickeln und über Nacht (mindestens aber 12 Stunden) im Kühlschrank ziehen lassen.

4 Kurz vor dem Grillen die Mopp-Sauce zubereiten. Das Ginger Ale, den Essig und das Salz in einer kleinen nicht reaktiven Schüssel verrühren, bis sich das Salz aufgelöst hat; dann beiseitestellen.

Tipps!

Sternanis ist ein sternförmiges Gewürz aus Südostasien, mit einem leicht rauchigen Lakritzgeschmack. Sie erhalten ihn in jedem gut sortierten Supermarkt oder auch im Asialaden. Alternativ können Sie ganze oder gemahlene Anissamen verwenden. Am einfachsten zerstoßen Sie das Gewürz mit Mörser und Stößel.

Bei diesem Rezept grillen wir das Fleisch indirekt auf dem Holzkohlegrill.

5 Den Grill für indirektes Grillen einrichten (siehe S. 41). Auf mittlere Hitze (160–180 °C) vorheizen und in die Mitte des Grills unter den Rost eine Tropfschale stellen.

6 Wenn alles bereit ist, den heißen Rost abbürsten und einölen. Die Ribs mit der Knochenseite nach unten in die Mitte des Rostes über die Tropfschale legen. Jeweils die Hälfte der Holzchips auf jeden Kohlehaufen geben. Den Grill schließen und die Rippchen 45 Minuten smoken.

7 Nun die Ribs auf beiden Seiten moppen, den Grill wieder schließen und das Fleisch weiter garen, bis sie durchgegart und ganz zart sind. Das dauert weitere 45–75 Minuten (Garzeit insgesamt 1 ½–2 Stunden). Die Ribs noch 1–2 Mal moppen. Sollten sie nach 1 ½ Stunden zu braun werden, in Alufolie wickeln. Nach Bedarf Kohlen nachlegen.

8 Die Ribs auf einen großen Servierteller oder einzelne Teller legen und einige Minuten ruhen lassen. Zusammen mit einer Barbecuesauce Ihrer Wahl servieren.

Variation

Opas Pastrami-Short-Ribs im Smoker zubereiten:

Den Smoker nach Herstellerangaben vorbereiten und auf 110–120 °C vorheizen (weitere Hinweise zu Smokern auf S. 48). Die Ribs 4–5 Stunden garen. In den ersten 3 Stunden jede Stunde 1 Tasse Holzchips oder -Chunks nachlegen. Kohlen nach Bedarf auffüllen. Das Fleisch einmal pro Stunde moppen oder mit der Mopp-Sauce besprühen.

SWEET-SMOKY-BARBECUE-RUB

Dies ist ein guter Allzweckrub, der auf einem klassischen amerikanischen Rub basiert. Sie können ihn durch die Beigabe von geräuchertem Paprikapulver oder Salz individuell abwandeln. Durch diese Zutaten bekommt das Fleisch ein sanftes Raucharoma, selbst wenn Sie einen Gasgrill verwenden. Sollten Sie mit Holz oder Holzkohle grillen, wird das Aroma noch verstärkt. Geräuchertes Paprikapulver ist in letzter Zeit in Mode gekommen, aber keineswegs neu. Es stammt aus Spanien und wird als *Pimentón de la Vera* verkauft. Sie erhalten es in gut sortierten Supermärkten, in Spezialgeschäften oder auch im Internet. Geräuchertes Salz gibt es in zahlreichen Geschmacksrichtungen und Preisklassen, vom einfachen Rauchsalz aus dem Supermarkt bis zu Spezialitäten aus Dänemark oder Wales. Sollte Ihnen das alles zu aufwendig sein, nehmen Sie einfach Meersalz oder koscheres Salz und edelsüßes Paprikapulver.

- 3 EL dunkler Rohrzucker
- 3 EL edelsüßes Paprikapulver
- 2 EL grobes Salz (Meersalz oder koscheres Salz)
- 2 EL Rauchsalz (oder mehr grobes Salz)
- 2 EL schwarzer Pfeffer, frisch gemahlen
- 1 EL geräuchertes Paprikapulver (siehe Anmerkung) oder mehr edelsüßes Paprikapulver
- 1 EL Knoblauchpulver
- 1 EL Zwiebelpulver
- 1 EL Senfpulver
- 1 TL Selleriesamen

Anmerkung:
Pimentón de la Vera gibt es mild *(dulce)*, scharf *(picante)* und mittelscharf *(agridulce)*. Welches Sie verwenden ist Geschmackssache.

Den Rohrzucker, das edelsüße Paprikapulver, das Salz, das Rauchsalz, den Pfeffer, das geräucherte Paprikapulver, das Knoblauchpulver, das Zwiebelpulver, das Senfpulver und die Selleriesamen in eine Schüssel geben und mit den Fingern sorgfältig mischen, sodass keine Klumpen zu sehen sind. Der Rub hält sich wochenlang in einem luftdicht verschlossenen Gefäß, wenn er kühl und dunkel aufbewahrt wird. Für jede Rippenleiter werden 1 ½–2 EL benötigt (mehr für größere Ribs).

RABBINER-RIBS

2 Knoblauchzehen, geschält und in der Knoblauchpresse zerdrückt
1 ½ EL Pflanzenöl
1 ½–2 kg Chuck Short Ribs
2–3 EL Sweet-Smoky-Barbecue-Rub (siehe S. 163)
1 Dose (350 ml) Cream Soda (optional; online erhältlich)
Pfirsich-Meerrettich-Barbecuesauce (Rezept folgt)

Sie benötigen weiterhin:
4 Tassen Holzchips oder -Chunks (am besten Hickory oder Eiche), 1 Stunde eingeweicht und dann abgetropft
Barbecue-Mopp oder Sprühflasche (optional)

Methode: smoken auf dem Holzkohlegrill
Weitere Vorbereitung: keine
Portionen: 4

Im Laufe der Jahre lernte ich zahlreiche Grillmeister kennen, die aus den verschiedensten Gründen kein Schweinefleisch aßen. Nun, dieses Rezept ist euch gewidmet. Wir wenden dabei eine Methode an, die Sie nirgendwo sonst in diesem Buch finden. Das Fleisch wird mit frischem Knoblauchöl eingerieben, bevor der Rub aufgetragen wird. Das verleiht ihm eine ganz besondere Geschmacksnuance. Zusammen mit der einzigartigen Pfirsich-Meerrettich-Barbecuesauce kommen diese Ribs einer religiösen Erfahrung recht nahe.

1 Den Knoblauch und das Öl in einer kleinen Schüssel mischen. Die Ribs auf beiden Seiten damit einpinseln. Anschließend mit dem Rub bestreuen und diesen sanft einklopfen. In Frischhaltefolie einwickeln und bis zur Verwendung im Kühlschrank aufbewahren.

2 Die Soda in einen Mopp-Eimer oder in eine Sprühflasche gießen (optional).

3 Den Holzkohlgrill für das Smoken einrichten (siehe S. 42) und auf niedrige Temperatur (110–120 °C) vorheizen; dazu die Hälfte der üblichen Kohlenmenge verwenden. Eine große Tropfschale in die Mitte des Grills unter den Rost stellen.

Tipps!

In diesem Rezept verwende ich Chuck Short Ribs; Sie können aber auch Beef Back Ribs verwenden. In diesem Fall benötigen Sie eine ca. 1 ½ kg schwere Rippenleiter. Diese können Sie bei 110–120 °C 4–5 Stunden smoken oder bei 160–180 °C 1 ½–2 Stunden indirekt grillen. Falls die Ribs dabei zu trocken werden, sollten sie nach der Hälfte der Garzeit in Alufolie gewickelt werden.

Falls Sie keine Cream Soda bekommen, können Sie auch Ginger Ale oder Sprite verwenden.

Die Ribs werden hier auf einem Holzkohlegrill gesmokt, aber Sie können auch einen Smoker verwenden. Anweisungen finden Sie auf S. 166.

4 Wenn alles bereit ist, den heißen Rost abbürsten und einölen. Die Ribs mit der Knochenseite nach unten in die Mitte des Rostes über die Tropfschale legen. Auf jeden Kohlehaufen ½ Tasse Holzchips geben. Den Grill schließen und die Rippchen 1 Stunde smoken.

5 Die Ribs dann auf beiden Seiten moppen bzw. einsprühen. Den Grill wieder schließen und das Fleisch weitere 3–4 Stunden garen, bis die Ribs schön braun, durchgegart und ganz zart sind (Garzeit insgesamt 4–5 Stunden). Falls die Soda verwendet wird, die Ribs 1 Mal pro Stunde moppen. Nach 3 Stunden Garzeit, jede Stunde 1 Tasse Holzchips nachlegen und Kohlen nach Bedarf auffüllen.

6 Die Ribs auf einen großen Teller oder ein Schneidebrett legen und einige Minuten ruhen lassen. Dann sofort mit der Pfirsich-Meerrettich-Barbecuesauce servieren.

Variation

Rabbiner-Ribs im Smoker zubereiten:

Den Smoker nach Herstellerangaben vorbereiten und auf 110–120 °C vorheizen (weitere Hinweise zu Smokern auf S. 48). Die Ribs mit der Knochenseite nach unten hineinlegen und 4–5 Stunden smoken. Nach 3 Stunden Garzeit, jede Stunde mit der Soda moppen (optional). In den ersten 3 Stunden jede Stunde Holzchips nachlegen und die Kohlen nach Bedarf auffüllen.

PFIRSICH-MEERRETTICH-BARBECUESAUCE

Diese Sauce verdankt ihren kräftigen Fruchtgeschmack der Pfirsichkonfitüre und die frische Schärfe dem Meerrettich. Bei frisch geriebenem Meerrettich entsteht die Schärfe durch die Freisetzung einer Schwefelverbindung, wenn die Wurzel geschnitten wird und mit Sauerstoff in Kontakt kommt. Je feiner der Meerrettich also gerieben wird, desto schärfer ist die Sauce. Falls unbedingt notwendig, können Sie fertigen Meerrettich aus dem Glas verwenden, die Sauce hat dann aber nicht den gleichen Kick.

Ergibt ca. 250 ml

60 ml Pfirsichkonfitüre
60 ml Dijonsenf
60 ml Bourbon
3 EL Apfelessig
3 EL Worcestershiresauce
1 EL (oder mehr) Sojasauce
1 Stück (5 cm) frischer Meerrettich, geschält (ergibt ca. 2 EL)
grobes Salz (Meersalz oder koscheres Salz) und frisch gemahlener schwarzer Pfeffer

1 Die Pfirsichkonfitüre, den Senf, den Bourbon, den Apfelessig, die Worcestershiresauce und die Sojasauce in einen schweren, nicht reaktiven Topf geben und bei mittlerer Hitze langsam aufkochen. Dabei immer wieder rühren. Die Temperatur reduzieren und die Sauce 3–5 Minuten köcheln lassen, bis sie dick und aromatisch ist.

2 In der Zwischenzeit den Meerrettich auf einer Kastenreibe fein reiben oder im Mixer zerkleinern.

3 Den Topf vom Herd nehmen und die Sauce etwas abkühlen lassen. Anschließend den Meerrettich unterrühren und alles mit Salz, Pfeffer und ggf. mehr Sojasauce abschmecken. Abgedeckt im Kühlschrank hält sich die Sauce etwa 1 Woche. Vor der Verwendung wieder auf Raumtemperatur erwärmen.

ROTISSERIE-RIBS VOM KALB MIT KRÄUTERN DER PROVENCE

- 2 Leitern Back Ribs oder Kalbsrippchen (1–1 ½ kg insgesamt; siehe Anmerkung)
- 2 EL Natives Olivenöl Extra
- grobes Salz (Meersalz oder koscheres Salz) und frisch gemahlener schwarzer Pfeffer
- 3 Knoblauchzehen, fein gehackt
- 3–4 EL Kräuter der Provence
- Tomaten-Kapern-Vinaigrette (Rezept folgt)
- Zitronenspalten zum Servieren

Methode: grillen am Drehspieß
Weitere Vorbereitung: keine
Portionen: 2

Amerikaner und Europäer gehen bei der Zubereitung von Rippchen ganz unterschiedlich vor. In Amerika sind Ribs eine leere Leinwand, auf der ein Pitmaster sein rauchiges Kunstwerk malt. Bei den Europäern hingegen geht es um das Fleisch selbst – Schwein sollte wie Schwein schmecken, Rind wie Rind usw. Französische und italienische Grillmeister arbeiten mit einfachen Gewürzen wie Salz, Pfeffer und vielleicht getrockneten Kräutern. Von extravaganten Gewürzmischungen und dem rauchigen Charakter des amerikanischen Barbecues halten sie wenig.

Zarte Kalbsrippchen eignen sich hervorragend für diese Vorgehensweise. Heben Sie sich dieses Rezept für ein besonderes Dinner zu zweit auf, denn auf den Spieß passen nur zwei Rippenleitern (eventuell bleibt bei der Menge etwas übrig).

1 Vorbereitung der Ribs: Die Rippenleitern mit dem Fleisch nach unten auf ein Backblech legen. Das dünne, papierartige Häutchen auf der Knochenseite entfernen. Dazu ein dünnes Messer oder z. B. die Spitze des Fleischthermometers darunter schieben, um es zu lockern. Der beste Ausgangspunkt ist der Mittelknochen. Das Häutchen mit einem Küchenpapier oder einer breiten Pinzette festhalten und abziehen. Mit der anderen Leiter ebenso verfahren.

2 Das Fleisch auf beiden Seiten mit dem Olivenöl einreiben. Anschließend großzügig mit Salz, Pfeffer und den Kräutern der Provence würzen.

3 Das Fleisch auf den Spieß aufziehen. Dazu eine Rippenleiter mit der Knochenseite nach unten auf die Arbeitsfläche legen. Mit einem schmalen, scharfen Messer in das Fleisch zwischen jeder zweiten Rippe ein Loch bohren. Das Messer dabei vorsichtig drehen, damit die Löcher etwas größer werden. Mit der zweiten Rippenleiter ebenso verfahren. Nun das Fleisch wie eine Ziehharmonika auf den Spieß fädeln. (Für das Foto haben wir Back Ribs verwendet und sie ebenfalls am Spieß gegrillt.)

Tipp!

Kräuter der Provence sind eine Kräutermischung aus getrocknetem Basilikum, Oregano, Thymian, Lavendel und anderen mediterranen Kräutern. Heute können Sie die Mischung in jedem gut sortierten Supermarkt finden. In Steven Raichlens *Saucen, Rubs, Marinaden & Grillbutter* finden Sie auch eine Anleitung zum selber mischen.

Tipp!

Dieses Rezept eignet sich auch sehr gut für „echte“ Baby Back Ribs, die kleinen Leiterchen vom Spanferkel, die nicht mehr als 375–625 g pro Stück wiegen (siehe S. 87). Die Garzeit beträgt dann 35–60 Minuten.

Anmerkung:
Kalbsrippchen kaufen
Kalbsrippchen zu finden ist gar nicht so einfach. In meinem Supermarkt bekomme ich sie manchmal, also behalten Sie die Fleischtheke im Auge. Im Zweifelsfall bestellen Sie die Rippchen beim Metzger Ihres Vertrauens.

4 Den Grill nach Herstellerangaben für das Grillen mit dem Drehspieß einrichten und stark erhitzen. Falls Sie mit Holzkohle grillen, die Temperatur mit dem Mississippi-Test prüfen (siehe S. 41). Direkt unter den Drehspieß eine große Tropfschale stellen.

5 Wenn alles bereit ist, den Spieß in den Drehmechanismus einhängen, den Motor anschalten und den Grill schließen. Das Fleisch 35–60 Minuten grillen (abhängig von der Größe), bis es goldbraun, durchgegart und ganz zart ist. Wenn die Ribs gar sind, hat sich das Fleisch ca. 6 mm vom Knochenende zurückgezogen.

6 Den Spieß aus dem Grill nehmen, auf ein Schneidebrett legen und vorsichtig herausziehen. Das Fleisch einige Minuten ruhen lassen. Anschließend in Stücke mit je 2 Knochen zerteilen. Zum Servieren etwas Tomaten-Kapern-Vinaigrette darüber löffeln. Die restliche Vinaigrette zusammen mit den Zitronenspalten als Beilage servieren.

Variation

Ribs vom Kalb mit Kräutern der Provence indirekt grillen:
Den Grill für indirektes Grillen einrichten (siehe S. 41). Auf mittel-hohe Hitze (200 °C) vorheizen. Die Ribs mit der Knochenseite nach unten auf den Rost legen und 35–60 Minuten garen. Holzchips werden nicht benötigt, da Rauch kein Teil der mediterranen Küche ist.

TOMATEN-KAPERN-VINAIGRETTE

Normalerweise würde ich eine Sauce auf Ölbasis nicht zu fettem Fleisch wie Ribs servieren. Kalbsrippchen sind aber relativ mager und die kräftigen Aromen von Tomaten, Kapern und Oliven setzen das mediterrane Leitmotiv fort.

Ergibt ca. 250 ml

1 kleine Knoblauchzehe, fein gewürfelt
½ TL (oder mehr) grobes Salz (Meersalz oder koscheres Salz)
2 EL Rotweinessig
125 ml Natives Olivenöl Extra
1 mittelgroße reife Tomate, geschält, Samen entfernt und gewürfelt
1 EL eingelegte Kapern, abgetropft
4 schwarze Oliven, entsteint und fein gehackt
2 frische Basilikumblätter (optional), in feine Streifen geschnitten
schwarzer Pfeffer, frisch gemahlen

Den Knoblauch und das Salz in einer nicht reaktiven Schüssel mit der Rückseite eines Holzlöffels zerreiben. Den Essig hinzugeben und sorgfältig verrühren. Das Olivenöl in einem dünnen Strahl hinzufügen und mit einem Schneebesen unterrühren. Anschließend die Tomaten, die Kapern, die Oliven und das Basilikum (optional) unterrühren. Mit Pfeffer und ggf. mehr Salz abschmecken – die Vinaigrette sollte kräftig gewürzt sein. Die Zutaten können auch im Mixer glatt püriert werden; dadurch bekommt die Vinaigrette jedoch eine andere Konsistenz. Sie kann bis zu 2 Stunden im Voraus zubereitet werden.

BISON-RIBS MIT CABERNET-SAUVIGNON-BARBECUESAUCE

250 ml trockener Rotwein
125 ml Natives Olivenöl Extra
2 Schalotten, fein gehackt
1 Karotte, geputzt und fein gehackt
2 Knoblauchzehen, leicht zerdrückt
2 Lorbeerblätter
1 TL getrockneter Thymian
3–4 Wacholderbeeren, leicht zerdrückt, oder 2 EL Gin
2 Leitern Büffelrippen (insgesamt 3 kg, siehe Anmerkung)
grobes Salz (Meersalz oder koscheres Salz) und frisch gemahlener schwarzer Pfeffer
Knoblauchpulver
Cabernet-Sauvignon-Barbecuesauce (Rezept folgt)

Sie benötigen weiterhin:
1 ½ Tassen Holzchips oder -Chunks (optional, am besten Eiche), 1 Stunde eingeweicht und dann abgetropft
feste Alufolie

Methode: erst indirektes, dann direktes Grillen
Weitere Vorbereitung: mindestens 1 Stunde für das Marinieren einplanen
Portionen: 4–6

Der Bison (oft auch als Büffel bezeichnet) ist seit der letzten Eiszeit das größte Landsäugetier in Nordamerika. Gemäß der *National Bison Association* lebten vor dem 17. Jahrhundert über siebzig Millionen dieser großartigen Tiere in der amerikanischen Prärie (um eine Vorstellung davon zu bekommen, wie gewaltig diese Herden gewesen sein mussten, sollten Sie sich einmal „Der mit dem Wolf tanzt" von Kevin Costner anschauen). Ende des 19. Jahrhunderts hatte der Mensch den Bison fast vollständig ausgerottet.
Heute feiert der Bison ein Comeback und es gibt vier gute Gründe, warum Sie das Fleisch einmal vom Grill probieren sollten. Zum einen hat Büffelfleisch ein sehr intensives Rindfleischaroma (manche sagen es schmeckt etwas süßlicher). Weiterhin hat es nur einen Bruchteil des Fettanteils von Rind oder Schwein – zum Teil nur 25%, je nach Zuschnitt. Zudem werden Bisons in Freilandhaltung gezüchtet und ernähren sich fast ausschließlich von Gras. Sie bekommen weder Wachstumshormone noch Antibiotika. Zu guter Letzt nehmen Sie durch die Zubereitung von Büffelfleisch an einer uralten kulinarischen Tradition teil, die bis in die letzte Eiszeit zurückreicht. Die Cabernet-Sauvignon-Barbecuesauce mit Rosmarinduft rundet dieses Gericht wunderbar ab.

1 Den Wein, das Olivenöl, die Schalotten, die Karotten, den Knoblauch, die Lorbeerblätter, den Thymian und die Wacholderbeeren in eine nicht reaktiven Schüssel geben, verrühren und die nun fertige Marinade beiseitestellen.

2 Vorbereitung der Ribs: Die Rippenleitern mit dem Fleisch nach unten auf ein Backblech legen. Das dünne, papierartige Häutchen auf der Knochenseite entfernen. Dazu ein dünnes Messer oder z. B. die Spitze des Fleischthermometers darunter schieben, um es zu lockern. Der beste Ausgangspunkt ist der Mittelknochen. Das Häutchen mit einem Küchenpapier oder einer breiten Pinzette festhalten und abziehen. Mit der anderen Leiter ebenso verfahren.

3 Das Fleisch auf beiden Seiten großzügig mit Salz, Pfeffer und Knoblauchpulver würzen. In eine große, nicht reaktive Auflaufform legen und 5 Minuten ziehen lassen. Anschließend die Marinade darüber gießen und das Fleisch darin wenden. Abgedeckt im Kühlschrank 1–2 Stunden marinieren. Je länger die Ribs in der Marinade ziehen, desto intensiver ist der Geschmack (man kann zum Marinieren auch große wiederverschließbare Plastikbeutel verwenden).

4 Den Grill für indirektes Grillen einrichten (siehe S. 41). Auf mittlere Hitze (160–180 °C) vorheizen. In die Mitte des Grills unter den Rost eine Tropfschale stellen (Hinweise zum Smoken auf einem Gasgrill finden Sie auf S. 44).

5 Wenn alles bereit ist, den heißen Rost abbürsten und einölen. Die Ribs mit der Knochenseite nach unten in die Mitte des Rostes über die Tropfschale legen. Bei einem Holzkohlegrill jeweils die Hälfte der Holzchips auf jeden Kohlehaufen geben. Den Grill schließen und die Rippchen ca. 1 ½ Stunden smoken. Nach Bedarf Kohlen nachlegen.

6 Die Rippchen nun auf beiden Seiten mit der Cabernet-Sauvignon-Barbecuesauce bestreichen und jede Leiter dann fest in Alufolie wickeln. Den Grill wieder schließen und das Fleisch weiter garen, bis die Ribs durchgegart und zart genug sind, um sie mit den Fingern zerteilen zu können. Das dauert weitere 30–60 Minuten (Garzeit insgesamt 2–2 ½ Stunden). Wenn die Ribs gar sind, hat sich das Fleisch ca. 6 mm vom Knochenende zurückgezogen.

Tipps!

Da Bisonrippen meist magerer sind als Rinderrippen, verleihe ich ihnen durch Marinade gern ein bisschen zusätzliche Feuchtigkeit. Hier konkurriert die erdige Säure des Rotweins mit der harzigen Frische der Wacholderbeeren. Sollten Sie keine Wacholderbeeren bekommen, verwenden Sie einfach einen Schuss Gin.

Das magere Büffelfleisch bereite ich am liebsten in zwei Schritten zu: Erst indirekt mit Holzrauch gegrillt, dann, nach der Hälfte der Garzeit, in Alufolie gewickelt im eigenen Saft geschmort, damit es nicht austrocknet.
Ich versehe diese Ribs gern mit Rauch-Aroma, deshalb verwenden Sie am besten einen Holzkohlegrill oder einen Smoker.

Anmerkung:
Büffelrippen bekommen Sie in erster Linie in Fleischereien, die auf Wildprodukte spezialisiert sind. Jede Leiter sollte 1 ¼–1 ½ kg wiegen.

7 Das Fleisch unmittelbar vor dem Servieren auswickeln, auf beiden Seiten noch einmal mit der Barbecuesauce bestreichen, direkt über der Glut platzieren und auf jeder Seite 1–3 Minuten grillen, bis die Sauce gebräunt ist und auf dem Fleisch kocht.

8 Die Ribs auf einen großen Teller oder ein Schneidebrett legen und einige Minuten ruhen lassen. Anschließend halbieren und mit der restlichen Cabernet-Sauvignon-Barbecuesauce servieren.

CABERNET-SAUVIGNON-BARBECUESAUCE

Rotwein scheint zunächst eine seltsame Wahl für eine Barbecuesauce zu sein, vor allem für Ribs. Amerikanische Pitmaster verwenden gern Bier, Bourbon und Rum. In Europa herrscht hingegen die Tradition vor, das Fleisch mit dem Wein zu würzen, der dazu serviert werden soll.
Cabernet Sauvignon passt hervorragend zu Büffelfleisch. Sein Beerenaroma ergänzt das süßliche, reichhaltige Fleisch besonders gut. Dank der Säure des Weins wird die Sauce aber nicht zu süß.

Ergibt ca. 300 ml

- 2 EL Butter
- 2–3 Schalotten, fein gehackt
- 2 TL frischer Rosmarin, fein gehackt
- 250 ml Cabernet Sauvignon oder ein anderer vollmundiger Rotwein
- 125 ml Tomatensauce
- 3 EL brauner Zucker
- 2 EL Worcestershiresauce
- 1 EL Zitronensaft, frisch gepresst
- 1–2 EL scharfe Sauce (z. B. Tabasco)
- 1 TL Flüssigrauch
- 2 TL Senfpulver
- ¼ TL Muskatpulver
- grobes Salz (Meersalz oder koscheres Salz) und frisch gemahlener schwarzer Pfeffer

1 Bei mittlerer Hitze 1 EL der Butter in einem schweren, nicht reaktiven Topf schmelzen. Die Schalotten und den Rosmarin hineingeben und 3 Minuten leicht bräunen, dabei mit dem Schneebesen rühren. Mit dem Wein aufgießen, die Temperatur erhöhen und 4–6 Minuten kochen, bis die Flüssigkeit um die Hälfte reduziert ist.

2 Die Tomatensauce, den braunen Zucker, die Worcestershiresauce, den Zitronensaft, die scharfe Sauce, den Flüssigrauch, das Senfpulver und das Muskatpulver unterrühren und 6–8 Minuten köcheln lassen, bis die Sauce dick und aromatisch ist. Mit Salz und Pfeffer abschmecken, dann die restliche Butter unterrühren. Vor dem Servieren auf Raumtemperatur abkühlen lassen. Abgedeckt im Kühlschrank hält sich die Sauce mindestens eine Woche. Vor der Verwendung wieder auf Raumtemperatur erwärmen (unter Umständen muss die Sauce aber auch erneut erhitzt und gut durchgerührt werden).

ARGENTINISCHE SHORT RIBS MIT CHIMICHURRI

1 EL grobes Salz (Meersalz oder koscheres Salz)
1 EL getrockneter Oregano
1 TL schwarzer Pfeffer, frisch gemahlen
1 TL rote Chiliflocken
2 Knoblauchzehen, fein gewürfelt
ca. 1 ½ kg Beef Short Ribs, in 1 ½ cm breite Streifen geschnitten (Crosscut)
1–2 EL Olivenöl
Chimichurri-Sauce (Rezept folgt)

Methode: direktes Grillen
Weitere Vorbereitung: keine
Portionen: 4

Tira de Asado, die perfekten Short Ribs für Steakfans, werden in lange Streifen geschnitten, die über den Teller hängen. Sie bekommen diese ungewöhnlichen Rippchen in argentinischen Steakhäusern, wo Metzger das Fleisch mit Bandsägen in dünne „Steaks" schneiden. Früher gab es die Ribs nur in Südamerika, heute sieht man sie immer häufiger in lateinamerikanisch angehauchten Steakhäusern. Traditionell wird dazu Chimichurri serviert, eine „Steaksauce" auf Kräuter-, Öl- und Essigbasis. Was sich aber genau dahinter verbirgt, hängt ganz davon ab, wo Sie essen. In der argentinischen Pampa, den weiten Grassteppen, ist sie eine simple Angelegenheit – Salz, Chiliflocken und getrockneter Oregano mit Essig und Pflanzenöl verdünnt. In den Städten dagegen kann sie ein leuchtend grünes, pestoartiges Püree aus frischem Knoblauch, glattblättriger Petersilie, Weinessig und Olivenöl sein. Bei den folgenden Ribs bekommen Sie das Beste beider Welten: Mit der spartanischen Gauchomischung werden die Ribs gewürzt, während das frische Kräuter-Chimichurri als Sauce dient.

1 Zubereitung des Chimichurri-Rubs: Das Salz, den Oregano, den Pfeffer, die Chiliflocken und den Knoblauch in einer kleinen Schüssel mischen.

2 Die Rippchen in eine Auflaufform legen, mit dem Rub bestreuen und diesen sorgfältig einreiben. Dann etwas Olivenöl darüber träufeln und ebenfalls einreiben. Das Fleisch in Frischhaltefolie einwickeln und bis zur Verwendung kaltstellen.

Tipp!

Als ich im Barbecuegeschäft anfing, musste ich Tira de Asado extra vorbestellen. Da sich die lateinamerikanische Küche in den USA aber immer weiter durchsetzt, kann ich dieses einzigartige Stück Fleisch heute in zahlreichen Metzgereien und Fleischmärkten kaufen (sogar mein Supermarkt in Miami führt Tira de Asado). Falls Sie es in Ihrer Gegend nicht finden, bitten Sie Ihren Metzger, Beef Short Ribs mit der Bandsäge horizontal in 1 ½ cm breite Streifen zu schneiden.

Tipp!

Wie bei den meisten Rezepten in diesem Buch, die für direktes Grillen gedacht sind, können Sie einen Gas- oder Holzkohlegrill bzw. einen Hibachi-Grill verwenden. Für ein sagenhaftes Raucharoma grillen Sie die Rippchen über einem Holzfeuer.

3 Das Chimichurri zubereiten und beiseitestellen.

4 Den Grill für direktes Grillen einrichten (siehe S. 36) und auf starke Hitze vorheizen. Die Temperatur anhand des Mississippi-Tests (S. 41) prüfen.

5 Wenn alles bereit ist, den heißen Rost abbürsten und einölen. Die Ribs auf den Rost legen und auf jeder Seite 3–5 Minuten (medium) grillen, bis sie schön dunkel sind.

6 Die Rippchen auf einen Servierteller oder einzelne Teller legen und einige Minuten ruhen lassen. Je nach Geschmack das Chimichurri zum Servieren über das Fleisch geben oder separat reichen.

CHIMICHURRI (ARGENTINISCHES „PESTO“)

1 Bund glattblättrige Petersilie, abgespült, trocken geschüttelt, Stiele entfernt
3–4 Knoblauchzehen, grob gehackt
1 TL getrockneter Oregano
1 TL rote Chiliflocken
125 ml Natives Olivenöl Extra
3–4 EL Rotweinessig
grobes Salz (Meersalz oder koscheres Salz) und frisch gemahlener schwarzer Pfeffer

Chimichurri ist ein weiterer Beweis menschlichen Einfallsreichtums, enthält sie doch sowohl eine Zutat, die unseren Atem „stinken“ lässt – Knoblauch – als auch einen natürlichen Atemerfrischer – Petersilie. So kann man das kräftige Knoblaucharoma genießen und muss beim Gutenachtkuss dennoch kein schlechtes Gewissen haben. Über die etymologischen Ursprünge dieser Sauce, mit dem eigentümlichen Namen, wurde viel geschrieben. Die Hauptgeschichte dreht sich um Jimmy, einen britischen Barkeeper, der in Buenos Aires arbeitete, sowie sein Lieblingsgewürz, Currypulver. Dieser Logik folgend wurde aus „Jimmy‘s Curry“ also Chimichurri. Die Sache hat jedoch einen Haken, genau genommen sogar zwei: Currypulver findet in der argentinischen Küche keine Verwendung und warum sollte die argentinische Nationalwürze ausgerechnet von einem Engländer stammen? Wo auch immer letztendlich ihr Ursprung liegt, fest steht: Die kräftige Mischung passt hervorragend zu Ribs.

Ergibt ca. 250 ml

1 Die Petersilie, den Knoblauch, den Oregano und die Chiliflocken in einem Mixer fein pürieren.

2 Bei laufendem Motor langsam das Olivenöl hineinfließen lassen, gefolgt von 3 EL Essig und 3 EL Wasser. Anschließend abschmecken und ggf. noch 1 EL Essig hinzugeben, falls die Sauce saurer werden soll. Sollte die Sauce zu dick werden, 1 EL Wasser unterrühren. Nun mit Salz und Pfeffer abschmecken – das Chimichurri sollte kräftig gewürzt sein.

LAMMRIPPCHEN

Wenn es um Rippchen geht, sind in Amerika Schwein und Rind ohne Zweifel das Fleisch der Wahl, weltweit werden aber täglich wesentlich mehr Lammrippchen gegrillt. Das Gebiet, in dem Lammfleisch bevorzugt wird, beginnt auf der Barbecueweltkarte in Mauretanien und erstreckt sich durch Afrika hindurch bis ins östliche Mittelmeer, den Nahen Osten, Zentralasien und Indien bis nach Australien und Neuseeland.

Das bringt uns zu diesem Kapitel und zu Rippchen, die Sie so vermutlich gar nicht kennen – gesmokte australische Lammrippchen mit einer Barbecuesauce aus Ingwer, Rum und Ananas, mediterran beeinflusste Knoblauch-Minze-Ribs, die indirekt gegrillt werden, in Joghurt marinierte Rippchen, die in guter indischer Tradition im Tandooristil gegrillt werden, ja sogar am Spieß gegrillte marokkanische Rippchen im Meschouistil. Sollten Sie zufällig in den 1980er-Jahren einmal im geliebten, lauten, rüpelhaften *Hoodoo Barbecue* in Bostons Kenmore Square gewesen sein, werden Sie sicher über die Nachempfindung ihrer berühmten Lammrippchen mit Vanillebarbecuesauce begeistert sein sowie über die wahre Geschichte, wie die Vanille in dieses Rezept gelang!

FARM FRESH LAMB
PREMIUM QUALITY

LAMM-RIBS MIT KNOBLAUCH UND MINZE

4 Leitern Lammrippen, Denver Style Cut (aus den mittleren Rippen der Lammbrust, insgesamt 2–2 ½ kg)
grobes Salz (Meersalz oder koscheres Salz) und frisch gemahlener schwarzer Pfeffer
6 Knoblauchzehen, gewürfelt
15 g frische Minze, fein gehackt
1 Zitrone, halbiert, Kerne entfernt sowie 1 Zitrone, in Spalten geschnitten, zum Servieren
250 ml Natives Olivenöl Extra
125 ml Rotweinessig
gegrilltes Gemüse im Stil des Nahen Ostens (Rezept folgt)

Methode: indirektes Grillen
Weitere Vorbereitung: mindestens 4 Stunden für das Marinieren einplanen
Portionen: 4

Wir Nordamerikaner sind ganz auf Schweine- und Rinderippchen fixiert, deshalb entgeht uns, dass auf der Hälfte der Erde Lamm das Fleisch der Wahl ist. Diese mit Knoblauch und Minze gewürzten Rippchen werden so lange gegrillt, bis sie richtig kross sind. Inspiriert wurde das Rezept durch einen der Sieger unseres *Lip-Smackin' Rib Contests*, Jacob Esbo, aber ähnliche Rezepte findet man auch noch im weit entfernten Neuseeland. Falls Sie an den süß-rauchigen Geschmack amerikanischer Ribs gewöhnt sind, wird die offene Schlichtheit dieses Rezeptes eine Offenbarung sein. Im Rahmen des mediterranen Leitmotives servieren wir als Beilage gegrilltes Gemüse im Stil des Nahen Ostens mit einer kräftigen Knoblauchnote.

1 Vorbereitung der Ribs: Die Rippenleitern mit dem Fleisch nach unten auf ein Backblech legen. Das dünne, papierartige Häutchen auf der Knochenseite entfernen. Dazu ein dünnes Messer oder z. B. die Spitze des Fleischthermometers darunter schieben, um es zu lockern. Der beste Ausgangspunkt ist der Mittelknochen. Das Häutchen mit einem Küchenpapier oder einer breiten Pinzette festhalten und abziehen. Mit der anderen Leiter ebenso verfahren.

2 Die Rippchen in eine nicht reaktive Auflaufform legen und auf beiden Seiten kräftig mit Salz und Pfeffer einreiben. Anschließend den Knoblauch und die Minze darüber geben, festklopfen und 5 Minuten ruhen lassen. Nun den Saft der beiden Zitronenhälften über dem Fleisch auspressen und dann das Olivenöl und den Essig darüber gießen. Das Fleisch mehrmals darin wenden, sodass es rundherum bedeckt ist. Abgedeckt im Kühlschrank mindestens 4 Stunden, am besten über Nacht, ziehen lassen und dabei 1–2 Mal wenden. Je länger die Ribs in der Marinade ziehen, desto intensiver ist der Geschmack (man kann zum Marinieren auch große wiederverschließbare Plastikbeutel verwenden).

Tipp!

Auch Baby Back Ribs vom Schwein eignen sich großartig für dieses Rezept. Indirekt gegrillt benötigen sie 1 ¼–1 ½ Stunden.

Anmerkung:
Lammrippchen kaufen

Für fast jedes Rezept aus diesem Kapitel benötigen wir Lammrippchen im Denver Style, d. h. 7–8 Rippchen aus der Brust, die so zugeschnitten wurden, dass sie Spareribs ähneln. Sie sind die Ribs mit dem wenigsten Fleisch in diesem Buch und garen darum auch am schnellsten. Man bekommt sie vor allem in türkischen Supermärkten. Alternativ können Sie das Fleisch auch beim Metzger Ihres Vertrauens (oder ggf. in Ihrem Supermarkt vorbestellen).

3 Den Grill für indirektes Grillen einrichten (siehe S. 41). Auf mittlere Hitze (160–180 °C) vorheizen. In die Mitte des Grills unter den Rost eine Tropfschale stellen.

4 Wenn alles bereit ist, den heißen Rost abbürsten und einölen. Die Ribs mit der Knochenseite nach unten in die Mitte des Rostes über die Tropfschale legen (ist der Grill eher klein, ggf. ein Rib Rack benutzen, siehe S. 52). Den Grill schließen und die Rippchen 40–60 Minuten garen bis sie schön braun, durchgegart und zart genug sind, um sie mit den Fingern zerteilen zu können. Wenn die Ribs gar sind, hat sich das Fleisch ca. 6 mm vom Knochenende zurückgezogen.

5 Die Ribs auf einen großen Teller oder ein Schneidebrett legen, einige Minuten ruhen lassen und dann halbieren oder in einzelne Rippen zerteilen. Zusammen mit dem gegrillten Gemüse und den Zitronenspalten servieren.

Variation

Lammrippchen direkt grillen:

In den meisten Teilen der Welt werden Rippchen direkt über der Glut gegrillt. Dazu müssen Sie eine Drei-Zonen-Glut (siehe S. 38) einrichten. Eine Zone wird für eine mittlere Temperatur eingeschichtet, eine für eine niedrige und eine bleibt kalt, als Sicherheitszone. Das Fleisch wird zunächst mit den Knochen nach unten über mittlerer Hitze gegrillt. Wird es zu braun, schieben Sie es über die niedrige Hitze. Sollte die Glut durch das austretende Fett aufflammen, legen Sie die Ribs in die Sicherheitszone. Die Garzeit beträgt 12–18 Minuten pro Seite.

GEGRILLTES GEMÜSE IM STIL DES NAHEN OSTENS

Methode: direktes Grillen
Weitere Vorbereitung: keine
Portionen: 4

Im Nahen Osten wird Lamm meist mit gegrillten Tomaten, Zwiebeln, Auberginen und anderem Gemüse serviert. Natürlich können Sie das Gemüse gleich zusammen mit dem Fleisch grillen; es schmeckt auch lauwarm sehr gut. Praktischer ist es aber, wenn Sie das Gemüse im Voraus zubereiten – außerdem ist der Grill dann nicht so voll.

- 4 Eiertomaten, längs halbiert
- 1 Bund Frühlingszwiebeln, die Wurzeln und die oberen 5 cm abgeschnitten
- 1 Aubergine (ca. 500 g), in 1 cm dicke Scheiben geschnitten
- 60 ml (oder mehr) Natives Olivenöl Extra
- grobes Salz (Meersalz oder koscheres Salz) und frisch gemahlener schwarzer Pfeffer
- 3 Knoblauchzehen, fein gewürfelt

1 Den Grill für direktes Grillen einrichten (siehe S. 36) und auf mittel-hohe Hitze (200 °C) vorheizen. Die Temperatur anhand des Mississippi-Tests (S. 41) prüfen.

2 Die Tomaten, die Frühlingszwiebeln und die Aubergine rundherum großzügig mit dem Olivenöl bepinseln und mit Salz und Pfeffer bestreuen. Die Tomaten und die Auberginen zusätzlich mit dem Knoblauch vermengen.

3 Wenn alles bereit ist, den heißen Rost abbürsten und einölen. Das Gemüse darauf legen und 3–6 Minuten pro Seite grillen, bis die Stücke schön braun sind. Mit einer Grillzange wenden.

4 Das gegrillte Gemüse auf einem Teller anrichten und zu den Lamm-Ribs mit Knoblauch und Minze (S. 184), entweder heiß oder lauwarm, servieren.

EIN VERZEICHNIS DER EXOTISCHSTEN RIPPCHENVARIANTEN WELTWEIT

CHAR SIU

Süße chinesische Spareribs, mariniert und gemoppt mit einer Mischung aus süßer Hoisin-Sauce, Reiswein und Fünf-Gewürze-Pulver, im Ofen gebraten bzw. manchmal auch frittiert.

COSTILLAS ADOBADAS

Mexikanische Schweinerippchen, die über Nacht in einer kräftigen Mischung aus pürierten Chilis, Knoblauch und Gewürzen mariniert werden. Anschließend werden Sie in der Marinade weich gebacken und dann mit pürierten Chilis und Honig geglaced.

GEWÜRZTE SCHWEINSRIPPCHEN

Würzige, geschmorte Schweinerippen nach deutscher Art. Das Fleisch wird mit Mehl bestäubt und in Fett scharf angebraten. Anschließend wird es in einem mit Zwiebeln, Knoblauch, Piment, Nelken und Cayennepfeffer gewürzten Sud geschmort. Traditionell werden dazu Spätzle gereicht.

KALBI KUI

Koreanische Rinderrippen. Das Fleisch wird sehr dünn geschnitten und über Holzkohle gegrillt. Dazu wird eine Auswahl an *Banchan* (eingelegtes und gesalzenes Gemüse) serviert. Zum Essen wird das Ganze in Salatblätter gewickelt. Das Rezept finden Sie auf S. 154.

MUU THOT

Thailändische Spareribs, mariniert in einer Mischung aus Korianderwurzeln, Knoblauch, Fischsauce, Austernsauce sowie weißem Pfeffer und dann goldbraun frittiert. Dazu wird *Nam Prik Jim* (süße Chilisauce) serviert.

NYAMA CHOMA

Kenianische Ziegen- oder Rinderrippen, über Holzkohle gegrillt. Dazu wird *Kachumbari* serviert, ein kräftiges Relish aus Zwiebeln, Tomaten und Chilis – und literweise Bier darf auch nicht fehlen. Laut dem in Nairobi ansässigen Journalisten Okoth Fred Mudhai hat „Nyama Choma eine eigene Seele, schmeckt es doch allein gegessen niemals so gut wie in einer Gruppe“.

PAI GWAT

Kleine Spareribstücke, die in einer chinesischen Sauce aus gesalzenen schwarzen Bohnen und Chilis gekocht werden. Sehr beliebt als *Dim Sum*.

PINNEKJØTT

Norwegische, gesalzene Lammrippchen. Sie werden gedämpft und mit Kohlrübenpüree serviert. Dieses traditionelle Weihnachtsessen schmeckt viel besser, als es klingt.

SPUNTATURE AL SUGO

Dieser italienische Beitrag zur Ruhmeshalle der Rippchen besteht aus Spareribs in einer einfachen Tomatensauce mit Knoblauch und Rotwein.

TABAK MAZ

Lammrippchen aus dem Kaschmir, die in zwei Schritten zubereitet werden. Erst werden sie in einem Sud aus Milch und Wasser mit Kardamom, Ingwer, Anis, Zimt, Nelken, Kurkuma und Asant geschmort. Danach werden sie mit Knoblauch in *Ghee* (geklärte Butter) gebraten.

TIRA DE ASADO

Argentinische Beef Short Ribs, die wie Steak gegrillt und serviert werden. Dazu gibt es Chimichurri.

TANDOORI-LAMM-RIBS

4 Knoblauchzehen, grob gehackt
1 Stück (5 cm) frischer Ingwer, geschält und grob gehackt
2 TL grobes Salz (Meersalz oder koscheres Salz)
2 TL Senfpulver
1 TL schwarzer Pfeffer, frisch gemahlen
1 TL Kreuzkümmelpulver
1 TL Korianderpulver
½ TL Muskatpulver
½ TL Kardamompulver
½ TL Kurkumapulver
¼–1 TL Cayennepfeffer
60 ml Pflanzenöl
60 ml Zitronensaft, frisch gepresst
½ TL rote Lebensmittelfarbe (optional)
500 ml Vollmilchjoghurt
4 Leitern Lammrippen, Denver Style Cut (aus den mittleren Rippen der Lammbrust, insgesamt 2–2 ½ kg)
3 EL gesalzene Butter, geschmolzen
8–12 Zweige frischer Koriander (optional, zum Servieren)
Zitronenspalten zum Servieren

Methode: indirektes Grillen
Weitere Vorbereitung: mindestens 12 Stunden für das Marinieren einplanen
Portionen: 4

Indien ist nicht unbedingt das erste Land, an das man beim Thema Rippchen denkt. Über offenem Feuer gegrilltes Lamm hat in Indien jedoch eine lange Tradition. Wie lange? Den Tandur, einen mit Holzkohle beheizten Backofen, gibt es seit über fünftausend Jahren. Das folgende Gericht haben Sie vermutlich noch nie im indischen Restaurant probiert, aber es explodieren förmlich die Aromen des Subkontinents – Joghurt, Ingwer, Knoblauch und Gewürze –, Tandoori-Lamm-Ribs.

1 Den Knoblauch, den Ingwer, das Salz, das Senfpulver, den Pfeffer, das Kreuzkümmelpulver, das Korianderpulver, das Muskatpulver, das Kardamompulver, das Kurkumapulver und den Cayennepfeffer in einem Mixer pürieren. Das Öl in einem dünnen Strahl einfließen lassen, bis eine grobe Paste entsteht. Bei laufendem Motor den Zitronensaft und die Lebensmittelfarbe (optional) untermischen. Anschließend den Mixer anhalten und den Joghurt hineingeben. Das Ganze nun in kurzen Stößen mischen. Nicht zu sehr mischen, sonst trennen sich die Bestandteile wieder.

2 Vorbereitung der Ribs: Die Rippenleitern mit dem Fleisch nach unten auf ein Backblech legen. Das dünne, papierartige Häutchen auf der Knochenseite entfernen. Dazu ein dünnes Messer oder z. B. die Spitze des Fleischthermometers darunter schieben, um es zu lockern. Der beste Ausgangspunkt ist der Mittelknochen. Das Häutchen mit einem Küchenpapier oder einer breiten Pinzette festhalten und abziehen. Mit den anderen Leitern ebenso verfahren.

3 Die Marinade über die Rippchen geben und diese mehrmals darin wenden, damit sie rundherum bedeckt sind. Dann in Frischhaltefolie einwickeln und 12–24 Stunden im Kühlschrank ziehen lassen. Dabei 2–3 Mal wenden. Je länger die Ribs in der Marinade ziehen, desto intensiver ist der Geschmack (man kann zum Marinieren auch große wiederverschließbare Plastikbeutel verwenden).

4 Den Grill für indirektes Grillen einrichten (siehe S. 41). Auf mittel-hohe Hitze (200 °C) vorheizen. In die Mitte des Grills unter den Rost eine Tropfschale stellen.

5 Wenn alles bereit ist, den heißen Rost abbürsten und einölen. Die Ribs mit der Knochenseite nach unten in die Mitte des Rostes über die Tropfschale legen (ist der Grill klein, ggf. ein Rib Rack benutzen, siehe S. 52). Den Grill schließen und die Rippchen 40–60 Minuten garen bis sie schön braun, durchgegart und zart genug sind, um sie mit den Fingern zerteilen zu können. Wenn die Ribs gar sind, hat sich das Fleisch ca. 6 mm vom Knochenende zurückgezogen.

6 Die Ribs auf einen großen Teller oder ein Schneidebrett legen und einige Minuten ruhen lassen. In Stücke mit 2–3 Rippen zerteilen und mit der geschmolzenen Butter bestreichen (das mag übertrieben klingen, ist aber ein Markenzeichen der indischen Grillküche). Zum Servieren mit den Korianderzweigen dekorieren (optional) und dazu die Zitronenspalten reichen.

Tipps!

Wie viele asiatische Griller mögen auch Inder den Geschmack direkt gegrillter Speisen, aber keinen Holzrauch. Dieses Rezept eignet sich daher sehr gut für den Gasgrill. Mit einem Holzkohlegrill wird es natürlich authentischer, da traditionelle Tandur-Öfen meist mit Holzkohle befeuert werden.

Indisches Tandoori ist dank der Lebensmittelfarbe in der Marinade meist leuchtend orange. Ich habe es als Option aufgenommen, obwohl ich mich zuhause nicht darauf einlasse.

AUSTRALISCHE LAMM-RIBS MIT INGWER-RUM-ANANAS-BARBECUESAUCE

250 ml Ananassaft
2 EL brauner Zucker
1 EL Paprikapulver, edelsüß
2 TL grobes Salz (Meersalz oder koscheres Salz)
1 TL Zimt
1 TL Fenchelsamen
1 TL Zwiebelpulver
½ TL Knoblauchpulver
½ TL Kümmelkörner
½ TL Ingwerpulver
½ TL schwarzer Pfeffer, frisch gemahlen
⅛ TL Nelkenpulver
4 Leitern Lammrippen, Denver Style Cut (aus den mittleren Rippen der Lammbrust, insgesamt 2–2 ½ kg)
Ingwer-Rum-Ananas-Barbecuesauce (Rezept folgt)

Sie benötigen weiterhin:
Sprühflasche (optional)
1 ½ Tassen Holzchips oder -Chunks (optional, am besten Pekan oder Hickory), 1 Stunde eingeweicht und dann abgetropft

Methode: erst indirektes, dann direktes Grillen
Weitere Vorbereitung: keine
Portionen: 4

In unserer Community auf www.barbecuebible.com pflegen wir zu sagen, dass es beim Barbecue keine Fremden gibt, nur Freunde, die wir noch nicht kennengelernt haben. Dank dem Online-Forum auf meiner Webseite, habe ich mit Hunderten Pitmastern aus der ganzen Welt korrespondiert und ihre Speisen probiert, zumindest virtuell, durch Fotos und Beschreibungen. Diese Lammrippchen sind die Kreation eines australischen Pitmasters, Peter Lee, der in Brisbane, Queensland, lebt (er hat eine eigene Webseite: www.bbqblue.com.au).

Peter sagt, dass meine Ribs im Memphis-Stil aus *The Barbecue! Bible* für ihn der Ausgangspunkt waren. Dann ersetzte er die Baby Back Ribs durch Lammrippchen und den Memphis-Rub durch eine Mischung aus Zimt, Fenchel und Kümmel. Seine Barbecuesauce schuf er aus drei für Queensland typischen Zutaten: frische Ananas, Rum und Ingwermarmelade. Falls Sie Lamm ohnehin mögen, werden Sie von diesem Rezept begeistert sein; sind Sie jedoch noch ein bisschen skeptisch, wird es Sie voll und ganz überzeugen.

1 Den Ananassaft in eine Sprühflasche oder in eine Schüssel füllen und zum späteren Moppen beiseitestellen.

2 Den braunen Zucker, das Paprikapulver, das Salz, den Zimt, die Fenchelsamen, das Zwiebelpulver, das Knoblauchpulver, die Kümmelkörner, das Ingwerpulver, den Pfeffer und das Nelkenpulver in eine kleine Schüssel geben und mit den Fingern sorgfältig mischen, sodass keine Klumpen zu sehen sind.

3 Vorbereitung der Ribs: Die Rippenleitern mit dem Fleisch nach unten auf ein Backblech legen. Das dünne, papierartige Häutchen auf der Knochenseite entfernen. Dazu ein dünnes Messer oder z. B. die Spitze des Fleischthermometers darunter schieben, um es zu lockern. Der beste

Tipps!

Peter bietet zwei Optionen für die Zubereitung an: Das indirekte Grillen bei mittlerer Hitze auf dem Holzkohlegrill oder das langsame Smoken im Smoker. Beim indirekten Grillen bekommen die Ribs einen köstlichen Biss – und es geht viel schneller. Beim Smoken werden die Ribs dagegen viel weicher und rauchiger, ähnlich wie in Kansas City.

Beim Holzkohlegrill bekommen Sie die besten Ergebnisse durch die zusätzliche Verwendung von Holzchips. Ich habe aber auch auf dem Gasgrill tolle Rippchen produziert – laut Peter sind ohnehin kaum Australier am Smoken interessiert.

Ausgangspunkt ist der Mittelknochen. Das Häutchen mit einem Küchenpapier oder einer breiten Pinzette festhalten und abziehen. Mit der anderen Leiter ebenso verfahren.

4 Das Fleisch mit dem Rub bestreuen und sorgfältig einreiben. Anschließend in Frischhaltefolie einwickeln und bis zur Verwendung im Kühlschrank aufbewahren.

5 Den Grill für indirektes Grillen einrichten (siehe S. 41). Auf mittlere Hitze (180 °C) vorheizen. In die Mitte des Grills unter den Rost eine Tropfschale stellen (Hinweise zum Smoken auf einem Gasgrill finden Sie auf S. 44).

6 Wenn alles bereit ist, den heißen Rost abbürsten und einölen. Die Ribs mit der Knochenseite nach unten in die Mitte des Rostes über die Tropfschale legen (ist der Grill klein, ggf. ein Rib Rack benutzen, siehe S. 52). Bei einem Holzkohlegrill jeweils die Hälfte der Holzchips auf jeden Kohlehaufen geben. Den Grill schließen und die Rippchen 20 Minuten garen.

7 Die Rippchen nun auf beiden Seiten mit Ananassaft besprühen, den Grill wieder schließen und das Fleisch weiter garen, bis die Ribs schön braun, durchgegart und zart genug sind, um sie mit den Fingern zerteilen zu können. Das dauert weitere 20–40 Minuten (Garzeit insgesamt 40–60 Minuten). Wenn die Ribs gar sind, hat sich das Fleisch ca. 6 mm vom Knochenende zurückgezogen. Die Ribs alle 15 Minuten mit dem Saft besprühen.

8 Das Fleisch unmittelbar vor dem Servieren auf beiden Seiten mit etwas Ingwer-Rum-Ananas-Barbecuesauce bestreichen und direkt über der Glut platzieren. Auf jeder Seite 2–3 Minuten grillen, bis die Sauce gebräunt ist und auf dem Fleisch kocht.

9 Die Ribs auf einen großen Teller oder ein Schneidebrett legen, einige Minuten ruhen lassen und dann halbieren oder in einzelne Rippen zerteilen. Zusammen mit der restlichen Barbecuesauce servieren.

Variation

Lammrippchen im Smoker zubereiten:

Den Smoker nach Herstellerangaben vorbereiten und auf 110–120 °C vorheizen (weitere Hinweise zu Smokern auf S. 48). Die Ribs mit der Knochenseite nach unten hineinlegen und 3–4 Stunden garen. Einmal pro Stunde mit dem Ananassaft besprühen.

INGWER-RUM-ANANAS-BARBECUESAUCE

Diese Sauce kombiniert das Beste aus Asien und dem britischen Commonwealth: reife Ananas, brauner Rum und Ingwermarmelade – alles Down Under angebaut oder produziert – sowie einer Zutat aus Südostasien, Ketjap Manis, süße Sojasauce. Ketjap Manis, der ethymologische Nachkomme der malaysischen Sauce aus eingelegtem Fisch, von der wir auch das Word „Ketchup" abgeleitet haben, bekommen Sie vor allem in Asialäden. Im Notfall kann sie aber durch eine Mischung aus gleichen Teilen Sojasauce und Melasse ersetzt werden. Eine andere köstliche Alternative wäre eine thailändische süße Chilisauce. Ingwermarmelade gibt es am ehesten in Spezialitätengeschäften oder auch im Internet.

250 g frische, reife Ananas, gewürfelt
250 ml Ingwermarmelade
2 EL (oder mehr) Ketjap Manis oder süße thailändische Chilisauce
125 ml brauner Rum
grobes Salz (Meersalz oder koscheres Salz) und frisch gemahlener schwarzer Pfeffer

Ergibt ca. 500 ml

1 Die Ananas im Mixer pürieren. In einem schweren Topf bei mittlerer Hitze aufkochen, dann die Ingwermarmelade und die Ketjap Manis unterrühren. So lange unter ständigem Rühren köcheln lassen, bis sich die Marmelade auflöst.

2 Die Temperatur erhöhen und den Rum mit einem Schneebesen unterrühren. Das Ganze 3–5 Minuten köcheln lassen, bis die Sauce dick und aromatisch ist. Mit Salz und Pfeffer abschmecken und ggf. mehr Ketjap Manis dazugeben (dank der Sojasauce wird meist nicht viel Salz benötigt). Vor dem Servieren auf Raumtemperatur abkühlen lassen. Abgedeckt im Kühlschrank hält sich die Sauce wochenlang. Vor der Verwendung wieder auf Raumtemperatur erwärmen.

Tipp!

Sollten Sie keine Ingwermarmelade finden, ersetzen Sie diese durch Ananaskonfitüre und 5 cm frischen Ingwer. Dieser wird geschält, grob gehackt und in Schritt 1 mit der Ananas püriert. Der Geschmack ist dann etwas anders, aber ebenso köstlich.

Anmerkung:
Idealerweise sollte frische Ananas verwendet werden, im Zweifelsfall schmeckt die Sauce aber auch mit ungesüßter Ananas aus der Dose.

MESCHOUI-LAMM-RIBS

- 1 kleine Zwiebel, geschält und geviertelt
- 3 Knoblauchzehen, geschält und halbiert
- 1 Stück (2 ½ cm) frischer Ingwer, halbiert und in dünne Scheiben geschnitten
- 3 EL edelsüßes Paprikapulver
- 2 TL (oder mehr) grobes Salz (Meersalz oder koscheres Salz)
- 1 TL schwarzer Pfeffer, frisch gemahlen
- 1 TL Korianderpulver
- ½ TL Zimt
- ¼ TL Kardamompulver
- 1 TL Zitronenzesten
- 3 EL (oder mehr) Zitronensaft, frisch gepresst
- 2–3 EL Natives Olivenöl Extra
- 2 Leitern Lammrippen, Denver Style Cut (aus den mittleren Rippen der Lammbrust, insgesamt 1 kg)
- Harissa (Rezept folgt) zum Servieren
- Zitronenspalten zum Servieren

Methode: grillen am Drehspieß
Weitere Vorbereitung: mindestens 2 Stunden für das Marinieren einplanen (optional)
Portionen: 2

Meschoui ist in gewissem Sinne die nordafrikanische Version des *Carolina Pig Pickin'* – ein großes Fest, bei dem ein am Drehspieß oder im Erdofen gegartes, kräftig gewürztes ganzes Lamm serviert wird. Es diente als Inspiration für unser Rezept, obwohl ich vermute, dass dieses Rezept in Marokko so noch nie zubereitet wurde. Um beim nordafrikanischen Thema zu bleiben, wird das Fleisch mit Harissa, einer scharfen Sauce, serviert.

1 Die Zwiebel, den Knoblauch, den Ingwer, das Paprikapulver, das Salz, den Pfeffer, das Korianderpulver, den Zimt und das Kardamompulver im Mixer in kurzen Stößen pürieren, bis eine grobe Paste entsteht. Bei laufendem Motor die Zitronenzesten, den -saft und gerade so viel Olivenöl zugeben, dass die Mischung eine Konsistenz wie Mayonnaise bekommt. Anschließend abschmecken und ggf. mit Salz und Zitronensaft nachwürzen. Die Paste soll kräftig gewürzt sein (ergibt ca. 250 ml).

2 Vorbereitung der Ribs: Die Rippenleitern mit dem Fleisch nach unten auf ein Backblech legen. Das dünne, papierartige Häutchen auf der Knochenseite entfernen. Dazu ein dünnes Messer oder z. B. die Spitze des Fleischthermometers darunter schieben, um es zu lockern. Der beste Ausgangspunkt ist der Mittelknochen. Das Häutchen mit einem Küchenpapier oder einer breiten Pinzette festhalten und abziehen. Mit der anderen Leiter ebenso verfahren.

3 Die Gewürzpaste mit einem Küchenspatel auf dem Fleisch verteilen. Die Ribs dann in Frischhaltefolie einwickeln und bis zur Verwendung im Kühlschrank aufbewahren. Sofort gegrillt schmecken die Ribs prima, noch besser sind sie, wenn sie 2 Stunden ziehen können. Ideal wäre es allerdings, sie über Nacht zu marinieren.

4 Nun das Fleisch auf den Spieß aufziehen. Dazu eine Rippenleiter mit der Knochenseite nach unten auf die Arbeitsfläche legen. Mit einem schmalen, scharfen Messer in das Fleisch zwischen jeder 4. oder 5. Rippe ein Loch bohren. Das Messer dabei vorsichtig drehen, damit die Löcher etwas größer werden. Mit der zweiten Rippenleiter ebenso verfahren. Nun das Fleisch wie eine Ziehharmonika auf den Spieß fädeln.

5 Den Grill nach Herstellerangaben für das Grillen mit dem Drehspieß einrichten und stark erhitzen. Falls Sie mit Holzkohle grillen, die Temperatur mit dem Mississippi-Test prüfen (siehe S. 41). Direkt unter den Drehspieß eine große Tropfschale stellen.

6 Wenn alles bereit ist, den Spieß in den Drehmechanismus einhängen, den Motor anschalten und den Grill schließen. Das Fleisch 30–45 Minuten grillen (abhängig von der Größe), bis es goldbraun und durchgegart ist. Wenn die Ribs gar sind, hat sich das Fleisch ca. 6 mm vom Knochenende zurückgezogen.

7 Den Spieß aus dem Grill nehmen, auf ein Schneidebrett legen und vorsichtig herausziehen. Das Fleisch einige Minuten ruhen lassen. Anschließend im Ganzen servieren oder in einzelne Rippen zerteilen. Dazu die Harissa-Sauce und die Zitronenspalten reichen.

Tipp!

Wenn Ihr Grill keinen Drehspieß hat, können Sie die Ribs auch indirekt auf einem Gas- oder Holzkohlegrill zubereiten. Die Garzeit beträgt ca. 40 Minuten bei 200 °C.

HARISSA (NORDAFRIKANISCHE SCHARFE SAUCE)

2 EL rosenscharfes Paprikapulver
2 Knoblauchzehen, grob gehackt
2 TL (oder mehr) grobes Salz (Meersalz oder koscheres Salz)
1 TL Korianderpulver
1/2 TL Kreuzkümmelpulver
125 ml Natives Olivenöl Extra
1 EL (oder mehr) Zitronensaft, frisch gepresst

Harissa ist für Nordafrika, was Tabasco für Louisiana ist – ein höllisch scharfes, rotes Elixier, ebenso unerlässlich für das Glück des Menschen wie das Barbecue selbst. Von Tunis bis nach Marrakesch wird Harissa geliebt, aber seine Zusammensetzung ist so unterschiedlich wie die Speisen, zu denen es serviert wird. Für die meisten Versionen benötigt man getrocknete rote Chilis, die mit Knoblauch, Koriander und Kreuzkümmel angereichert werden. Dies ist eine schnelle Version mit scharfem Paprikapulver (oder rotem Chilipulver). Verwenden Sie möglichst ungeöffnetes Paprikapulver, das noch die volle Schärfe besitzt.

Ergibt ca. 170 ml

Das Paprikapulver, den Knoblauch, das Salz, das Korianderpulver, das Kreuzkümmelpulver, das Olivenöl, den Zitronensaft und 2 EL heißes Wasser im Mixer vermengen, bis eine glatte Sauce entsteht. Abschmecken und ggf. mit Salz und/oder Zitronensaft nachwürzen. Abgedeckt im Kühlschrank hält sich die Sauce mindestens 1 Woche. Vor der Verwendung wieder auf Raumtemperatur erwärmen.

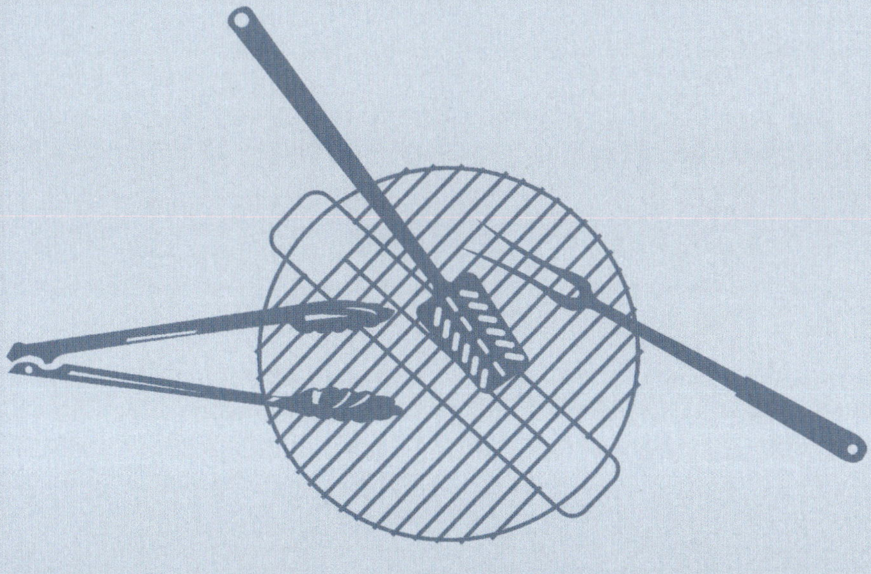

HOODOO-BARBECUE-LAMMRIPPCHEN MIT VANILLE-BARBECUESAUCE

2 kg einzelne Lammrippchen (siehe Tipps S. 204)
Knoblauchsalz
Zitronenpfeffer
schwarzer Pfeffer, frisch gemahlen
edelsüßes Paprikapulver
Vanille-Barbecuesauce (Rezept folgt)
Weißbrotscheiben zum Servieren

Methode: erst indirektes, dann direktes Grillen
Weitere Vorbereitung: keine
Portionen: 4

Barbecuefans eines gewissen Alters werden sich vielleicht an das *Hoodoo Barbecue* erinnern, ein ziemlich raues Barbecuelokal in Bostons Kenmore Square, der Teil einer ebenso rauen Punkrockbar war, *dem Rathskeller*. Trotz (oder vielleicht gerade wegen) der schmuddeligen Umgebung servierte Pitmaster James Ryan so ziemlich die besten Ribs in Beantown. Das *Hoodoo* stand sogar einmal auf der Liste des *Esquire Magazines* der einhundert besten Restaurants in den USA. Damals kamen sogar die Vorstände großer Firmen mit ihren Taxis direkt vom Flughafen zum Restaurant.
Ryan grillte Baby Back Ribs vom Schwein und Rinderrippen wie ein Weltmeister, was ihn aber von allen anderen unterschied, waren seine Lammrippchen – köstlich, knusprig, mit dem intensiven Fleischgeschmack, der Lamm zum bevorzugten Fleisch im Nahen Osten und auch im Mittelmeerraum macht. Dazu servierte er Weißbrot, mit dem man die einzigartige Sauce auftunken konnte. Die Ribs waren so fettig, dass sie einem den Bart am Kinn festkleben konnten – noch heute, zwanzig Jahre später, träume ich von den Hoodoo-Lammrippchen. Und so ungefähr wurden sie zubereitet.

1 Vorbereitung der Ribs: Die Rippenleitern mit dem Fleisch nach unten auf ein Backblech legen. Das dünne, papierartige Häutchen auf der Knochenseite entfernen. Dazu ein dünnes Messer oder z. B. die Spitze des Fleischthermometers darunter schieben, um es zu lockern. Der beste Ausgangspunkt ist der Mittelknochen. Das Häutchen mit einem Küchenpapier oder einer breiten Pinzette festhalten und abziehen. Mit der anderen Leiter ebenso verfahren.

2 Das Fleisch auf beiden Seiten großzügig mit Knoblauchsalz, Zitronenpfeffer, schwarzem Pfeffer und Paprikapulver würzen. Anschließend in Frischhaltefolie wickeln und bis zur Verwendung im Kühlschrank aufbewahren.

3 Den Grill für indirektes Grillen einrichten (siehe S. 41). Auf mittlere Hitze (160–180 °C) vorheizen. In die Mitte des Grills unter den Rost eine Tropfschale stellen.

4 Wenn alles bereit ist, den heißen Rost abbürsten und einölen. Die Ribs mit der Knochenseite nach unten in die Mitte des Rostes über die Tropfschale legen. Den Grill schließen und das Fleisch 40–60 Minuten garen, bis die Ribs schön braun, durchgegart und zart sind. Wenn die Ribs gar sind, hat sich das Fleisch ca. 6 mm vom Knochenende zurückgezogen.

5 Unmittelbar vor dem Servieren, die Ribs auf beiden Seiten mit etwas Barbecuesauce bepinseln, direkt über der Glut platzieren und pro Seite 2–3 Minuten grillen, bis die Sauce gebräunt ist und brutzelt.

6 Die Ribs auf einen großen Teller oder ein Schneidebrett legen und einige Minuten ruhen lassen. Mit den Weißbrotscheiben und der restlichen Vanille-Barbecuesauce servieren.

Tipps!

Die hier benötigten Lammrippchen werden einzeln aus Lamm-Spareribs geschnitten. Sie sind größer, zäher und fetter als Denver-Ribs, aber richtig zubereitet ist ihr Geschmack geradezu überirdisch. Man bekommt sie mit oder ohne Knochen (ich bevorzuge sie mit Knochen). Fünf Rippchen sind 400–500 g. Falls Sie diesen Zuschnitt nicht bekommen, können Sie auch Denver-Ribs verwenden; Sie benötigen dann vier Leitern (2–2 ½ kg). Die Garzeit beträgt 40–60 Minuten.

Ryan grillte seine Rippchen direkt über einer mittel-heißen Glut – was Sie natürlich auch probieren können. Einfacher ist es jedoch, das Fleisch indirekt zu grillen und sie erst ganz am Ende, für kurze Zeit, über die Glut zu schieben.

Da es bei diesem Rezept eher um Gewürze als um Rauch geht, können Sie auch einen Gasgrill verwenden.

VANILLE-BARBECUESAUCE

Fast so bemerkenswert wie die einzigartige Atmosphäre im *Hoodoo* war die Barbecuesauce – zugleich süß, sauer und höllisch scharf. Zudem hatte sie etwas einzigartiges, fast parfümartiges, das ich nicht genau bestimmen konnte. Es stellte sich heraus, dass es ein Schuss Vanilleextrakt war. Wie Ryan später zugab, war die Beimischung dieser unerwarteten Zutat ein Unfall: Eines Tages fiel eine offene Flasche mit Vanilleextrakt aus dem Regal, in den Topf mit der Sauce. Bevor er beschloss, die Sauce wegzugießen, probierte er sie, und siehe da, die Vanille war genau der Kick, der seiner Sauce noch gefehlt hatte.

Ergibt 400 ml

- 250 ml Tomatensauce
- 60 ml Melasse
- 60 ml Branntweinessig
- 2 EL Worcestershiresauce
- 2 EL brauner Zucker
- 2 EL Dijonsenf
- 1–2 EL Tabasco
- 1 ½ TL (oder mehr) Flüssigrauch
- 1 ½ TL (oder mehr) Vanilleextrakt
- ½ TL (oder mehr) grobes Salz (Meersalz oder koscheres Salz)
- ½ TL (oder mehr) schwarzer Pfeffer, frisch gemahlen

Die Tomatensauce, die Melasse, den Essig, die Worcestershiresauce, den braunen Zucker, den Dijonsenf, den Tabasco, den Flüssigrauch, das Vanilleextrakt, das Salz und den Pfeffer in einem Topf verrühren und bei mittel-hoher Hitze langsam aufkochen. Die Temperatur dann reduzieren und die Sauce 6–10 Minuten köcheln lassen, bis sie dunkel, dick und aromatisch ist. Anschließend abschmecken und ggf. mit Flüssigrauch, Vanilleextrakt, Salz und/oder Pfeffer nachwürzen. Vor dem Servieren auf Raumtemperatur abkühlen lassen. Abgedeckt im Kühlschrank hält sich die Sauce wochenlang. Vor der Verwendung wieder auf Raumtemperatur erwärmen. Die Sauce passt nicht nur zu Lamm, sondern auch hervorragend zu Geflügel, Rind und sogar zu Lachs.

Tipp!

Die Sauce wird noch reichhaltiger, wenn Sie 1–2 EL Fleischsaft von den gegrillten Lammrippchen unterrühren.

BÜCHER FÜR BESSER GRILLER

Der Keramikgrill
ca. 160 Seiten, 210 x 260 mm,
zahlreiche Farbfotos, gebunden
€ (D) 29,95 ISBN: 9783958430495

Grillen Argentinisch
278 Seiten, 138 Farbfotos,
220 x 260 mm, gebunden
€ (D) 29,95 ISBN: 9783868526806

Land der Feuer
296 Seiten, 220 x 260 mm,
über 250 Farbfotos, gebunden
€ (D) 29,95
ISBN: 9783868529074

Keramikgrill
Die besten Rezepte
224 Seiten, zahlreiche Farbfotos,
gebunden, 210 x 260mm
€ (D) 29,95 ISBN: 9783958432352

Vegetarisch Grillen
200 Seiten, zahlreiche Farbfotos,
210 x 260 mm
€ (D) 24,99 ISBN: 9783958430389

Wild Grillen
200 Seiten, zahlreiche Farbfotos,
210 x 260 mm, gebunden
€ (D) 24,99
ISBN: 9783868529326

Wintergrillen
144 Seiten, 138 Farbfotos,
210 x 260 mm, gebunden
€ (D) 19,99 ISBN: 9783868527834

Heels großes Grillbuch
500 Rezepte für jeden Grill
512 Seiten, ca. 200 Abbildungen,
203 x 254 mm, gebunden
€ (D) 24,95 ISBN: 9783868529067

Der Kugelgrill
Die besten Rezepte
des Deutschen Meisters
240 Seiten, zahlreiche Farbfotos,
223 x 260 mm, gebunden
€ (D) 24,99 ISBN: 9783868529173

Grill- und Chilisaucen
80 Seiten, zahlreiche Farbfotos,
163 x 210 mm, Paperback, mit Klebe-
etiketten zum Beschriften hausgemachter
Saucen
€ (D) 9,99 ISBN: 9783868526844

500 Tipps für Bessergriller
192 Seiten, zahlreiche Farbfotos,
Flexicover, 140 x 210 mm
€ (D) 9,99 ISBN: 9783958432253

Die besten Rezepte
des Grillsportvereins
192 Seiten, zahlreiche Farbfotos,
Paperback, 140 x 210 mm
€ (D) 9,99 ISBN: 9783958434875

Die Feuerplatte
176 Seiten, zahlreiche Farbfotos,
Paperback, 203 x 254 mm
€ (D) 24,99 ISBN: 9783958434837

Pull it!
ca. 160 Seiten, zahlreiche Farbfotos,
gebunden, 210 x 260 mm
€ (D) 19,99 ISBN: 9783958434882

DER AUTOR

Nach einem Abschluss in Französischer Literatur am Reed College in Portland, Oregon, führte ein Stipendium für Mittelalterliches Kochen in Europa **Steven Raichlen** nach Paris. Er besuchte dort die berühmten Kochschulen *Cordon Bleu* und *La Varenne*. Bekannt wurde er 1998 mit seinem Buch *The Barbecue Bible*, das etliche Auszeichnungen erhielt. In den USA gilt Raichlen als Barbecue-Guru. Er moderiert zwei TV-Serien (*Barbecue University* und *Primal Grill*) und schreibt „nebenbei" Bücher wie *Barbecue Bible presents: Saucen, Rubs, Marinaden und Grillbutter*.

DIE FOTOGRAFIN

Sandra Then arbeitet in den Bereichen Portrait, Schauspiel und Oper, Reportage und Food. Ihre Bilder sind international in Ausstellungen vertreten.